常读·人物志

传奇与趣味

◆ 汗 青 主编

西南财经大学出版社

你一定很少看书了，因为累；杂志也懒得看了，因为忙。

但你依然在看和读：早起的枕畔，卫生间里面，午饭后的瞌睡间歇，临睡前的挣扎，你牢牢抓着手机。

我们不能给你阅读的理由，但我们知道，有些内容可以让你的朋友圈更优雅。

我们不能拼接你碎片化的时间，但我们相信，有些阅读可以让你放慢脚步，哪怕只是假装。

目录

65岁离休的皇帝段誉

文 / 填下乌贼

金庸的"十四天书"里，所有男主角中，唯一一个历史真实人物，就是段誉。

要说历史上的段誉，先得简单说说大理国的历史。

大理国史

大理国的前身是南诏国（公元738—902年）。南诏面积虽小，却是一个凶悍好战的国度，给大唐帝国带来不少小麻烦。公元902年，南诏权臣郑买嗣杀死南诏末代皇族800多人于大理五华楼下，宣告了南诏国彻底退出历史舞台。

郑买嗣窃国成功，改国号"大长和国"。但这个政权不得人心，只存活了25年，即被新的权臣杨干贞推翻。杨干贞扶植清平官（宰相）赵善政为王，改国号"大天兴国"。赵善政当了一年的傀偏就被废黜。公元928年，杨干贞再次改换国号"大义宁国"，自己身登大宝关起门来做皇帝。

由于杨干贞的穷奢极欲、贪虐无道，公元937年，通海（今玉溪）节度使段思平率领黔东三十七个少数民族部落联合起兵，打出"减尔税粮半、宽尔徭三载"的口号，得到云贵大地上所有不堪压迫和欺凌的奴隶、平民的支持，起义军摧枯拉朽，一鼓作气攻陷羊苴咩城（大理城），将暴君杨干贞赶下皇位，大理国就此闪亮登场！

纵观这风云变幻的35年，和中原王朝五代十国相类似，兵连祸结、民不聊生，最终的赢家大理段氏非常珍惜这来之不易的和平局面，从段思平起的列代帝王，都信奉"轻徭薄赋、慎动刀兵"的原则，在外交方面，东顺大宋、北拒吐蕃；在内政方面，分封臣下、宽厚待民，算得上是有道明君。

经过段氏皇族数十年的苦心经营，原本民生凋敝、百废待兴的大理国，终于走上了平稳较快发展的康庄大道，社会安定团结、百姓生活美满，和小说《天龙八部》中介绍的情况比较一致。

然而，大理段氏也有着自身挥之不去的梦魇，这个致命的"阿喀琉斯之踵"从段氏政权产生的那一天起就一直伴随左右，一直到大理国的灭亡为止。

这就是延续了南诏、大长和国、大天兴国和大义宁国灭亡传统的权臣干政。

在段思平丁酉得国后，大理国境内出现了国王、诸侯、平民/奴隶三种社会等级，国王下面是大大小小的割据诸侯，各诸侯效忠皇室，但在自己的领地内享有至高无上的权力；国王是名义上的国家最高元首，有自己的封地，但财政、兵力并不占绝对优势；而平民和奴隶是这两大贵族的财产，不仅要缴纳税赋，而且还要义务参军，处于社会的最底层。万幸的是，由于段氏的仁政，这个阶层的民众生活倒还不算太穷困。

这么看来，段氏其实已经成了大理各方势力均衡后的产物，如果国王有道，那么各方太平；如果国王昏庸暗弱，那么自然会有野心家虎视眈眈，进而取而代之。

悲剧，在段廉义执政期间，终于发生了。

权臣干政

大理第12位皇帝上德帝段廉义在位期间，大理国的封建割据势力已经很强了，主要有三方：占据大理城西北部的杨义贞，占据善阐府（今昆明）的高智昇、高升泰父子，以及占据黔东的三十七部。

公元1080年，杨义贞弑帝自立，4个月后，高氏父子起兵杀死杨义贞，扶持段廉义的侄子段寿辉为帝，即上明帝。段寿辉在位一年，高氏父子又逼迫其出家为僧，改立段寿辉堂弟段正明为帝，他就是小说中的保定帝。

段正明在位13年，虽然处处小心谨慎，力保社稷平安，但终于不敌高氏父子咄咄逼人的态势，无奈于1094年禅位于高升泰，自己到天龙寺出家为僧。这一年是北宋绍圣元年。

这一段悲惨的故事，《南诏野史》有记载："明在位十三年，为君不振，人心归高氏。群臣请立善阐侯高升泰为君，正明遂禅位为僧，而段氏中绝矣。"

在杨、高两大权臣的斗法过程中，高氏笑到了最后，终结了大理国的前半生，改国号"大中"，开始了短命的大中政权。

由于国内人心思变，叛乱四起，高升泰这个皇帝做得心力交瘁。有鉴于此，焦头烂额的高升泰在两年后病危弥留之际，遗命其子高泰明归政于段氏。于是高泰明拥立段正明的弟弟段正淳为大理皇帝（文安帝），史称"后理国"（为了便于描述，本节仍以"大理国"相称）。但在后大理国时期，高氏世为相国，称中国公，嫁女给段氏为妻，掌实权，仍占有重要地位，直到大理国灭亡。

在《大理古佚书钞》一书中，段正淳的皇后是高升泰的妹妹高升洁。段正淳曾写过一篇《赞妻文》，特别有意思，全文如下：

> 国有巾帼，家有娇妻。夫不如妻，亦大好事。妻叫东走莫朝西，朝东甜言蜜语，朝西比武赛诗。丈夫天生不才，难与红妆娇妻比高低。

虽然文笔一般，但诗中亲密温柔之风扑面而来。

1108年段正淳弃位出家，传位其子段正严（亦称段和誉、段誉），故而，段誉是大理国的第16位皇帝，庙号宪宗，谥号宣仁帝。

有为之君

段誉出生于公元1082年，即"大理保定二年"。1108年，26岁的青年段誉气宇轩昂地登上了历史舞台，或许他自己都没有意识到，他将成为大理国历史上在位时间最久的皇帝，同时，也是最长寿的皇帝。

段誉刚刚登基，接手的是个烫手山芋：黔东三十七部互相攻击，各路反王风起云涌。同时，段誉还要面临高氏擅权的事实。此时的段誉，真可谓是内外交困、焦头烂额。

平叛手上没兵，夺权心中没底，难道要延续段正明、段正淳两位先皇的被动挨打状态？段誉不是平庸之主，他一反常态，走上了和高氏相国友好合作的道路：开诚布公地袒露心迹，换取高氏的鼎力协助。

当时的相国是高升泰的儿子高泰明，而皇太后是高泰明的姑姑高升洁，皇宫内外全是高家的势力，段誉所能做的，就是在最大限度范围内，与高氏家族联手打造一个安定团结的大理国。在段誉心中，这片热土不是老高家的，也不是小段家的，她属于全体大理人民。

段誉把自己的真实想法全盘托付给高泰明，希望高泰明即刻带兵平叛。高泰明觉得很意外，在段正明、段正淳执政期间，都是高升泰、高泰明决定好了，才去通知国王颁旨。但段誉竟然能够主动前来商议，可见其主观能动性很强。

高泰明决定领兵出征，同时段誉下旨，命高泰明的第四子高明清暂摄善阐侯爵位，这也意味着段氏不会在高氏远征过程中，背后捅人一刀——给高泰明吃了一颗定心丸。

正规军出马，黔东三十七部或降或亡，战乱很快平息。这次的国王与相国主动联手，使君权和相权获得了高度的统一，大理军民无不交口称赞。在之后的数十年里，颇有胆略的段誉虽然不能改变高氏擅权的事实，却能屡屡主动化解矛盾和危机，为大理国民的安居乐业打下了良好的基础。

这里同时也要赞赏一下高泰明，他和其祖高智昇、其父高升泰不一样，在他心中，"忠孝"二字比"权欲"为重：高升泰遗命其归政于段氏，恢复大理国，他做到了；段誉请他出兵平叛，稳定大理国，他也做到了。不是所有的权臣，都有这样高度的政治觉悟。

对于大理国民来讲，这对君臣无疑是一对最佳拍档：国王有胆识，相国有操守。两人不像汉献帝与曹操，倒更像是现代君主立宪制国家的国王与首相。

段誉亲政后的第八年获得了宋朝的"金紫光禄大夫、校检司空、云南节度使、上柱国、大理国王"封号，取得了两国的边境贸易权，从此大宋和大理两国的民间贸易日益频繁，大理国的经济增长速度惊人。史载"七月中元节，各方贡金银、罗绮、珍宝、犀象万计，牛马遍点苍"，又有"盛时百货生意颇大，四方商贾如蜀、赣、粤、浙、桂、秦、缅等地，及本地州县之云集者诸大宗生理交易之，至少者值亦数万"，繁荣景象，可见一斑。大理周边的邻邦如越南、缅甸等国，看到段誉治理下的大理国国势昌盛，也不禁"远方慕之，悉来贡献"。

国家稳定、吏治清明、财政丰饶、皇帝仁慈，此时的大理国出现了第二个盛世。

但同年，另有一个坏消息，就是相国高泰明病逝。

毋庸置疑，高泰明是一个权臣，但不是一个奸臣，他是大理国的无冕之王，人称"高国主"。但他能够和段誉和平相处、精诚合作，可见是一个极好的政治合作伙伴。他的早死，令段誉很苦恼，继任的高氏相国应该选谁，将对自己的执政至关重要。

由于此时高泰明诸子尚幼，二弟高泰运趁机夺过相印。高泰运上台后，还没等到大展拳脚，就在三年后的1119年去世了。他的侄子，也就是高泰明的儿子高明顺继任相国；高明顺在相国的位置上干了十年，1129年也去世了，传位给儿子高顺贞；高顺贞又干了12年，到了1141年去世，继位的相国叫高量成。

高量成一直陪伴段誉走完最后的政途：1147年，段誉已经是一个65岁的老者，由于诸子内斗不息，令其倍感疲倦，故而借口"天变不祥"，宣布退位，将皇位传给了自己的长子段正兴。

出家为僧

段誉共执政39年，淡出大理政坛后，于荡山寺出家，法号"广弘"，从此青灯黄卷于深山古刹中勤进修行，得享高寿而终（公元1174年段誉去世，享年92岁）。

段誉不仅是大理国历史上最长寿的国君，同时也能问鼎"中国最长寿国君"前三强！排名第一的是第一代南越王赵佗，活了103岁之久，空前绝后的记录；亚军是先秦时代卫国国君卫武公，他活了95岁。紧随其后的，就是段誉！

段誉执政期间，对外不兴刀兵，对内勤政爱民，做到了小说中段正明规劝他的"爱民、纳谏"二事，是一个值得称道的好皇帝。纵观段誉的一生，仁慈、宽容、善良、大度是他的标签，但由于他的爱心太重，不够杀伐决断，故而大理国在他执政的晚期，已经出现了早衰的迹象。

官二代的惨烈命运

——李克用的儿子们

文／十二叔

　　3000多前的西周时期，朝廷就设立了"太保"这一官衔，它是专门监护与辅佐国君的高官，地位显赫，虎威无人敢犯；巍巍大汉，太保与太师、太傅并称为"三师"，它已然变成了高到顶级的虚衔，其性质与今日的"名誉长官"相似，虽然地位尊崇但没有实权。

　　可到了五代，世道变了，传统的高官逐渐演变成了江湖之中武艺非凡的好汉。尽管"太保"之名未变，但本质早已不同。活跃于五代时期的"太保"不是一个人，而是一个群体，一个以"十三太保"命名的团体。而谁能把这些猛人们聚集到一起呢？这个人非李克用莫属，此人是唐末手握重兵的藩王。他在乱世之中凭借自己世袭的地位和过人的手段，成为唐僖宗镇压黄巢"反贼"最为倚重的一股力量。

　　李克用是沙陀人，他崇信武力，尤其对收义子这件事情有独钟。他从二十多岁出任云中守捉使以来，不断地物色、吸收优秀的儿郎加入自己的"义儿军团"。

五代十国割据一方的霸主们收养义子的风气，有不少门道。从表面上看，这些将军也好，藩王也好，收养义子是受到唐末权阉收养假子的影响，为了实现多子多福的愿望。

权臣为什么喜欢收养有军功的成年人做义子？因为他们一旦形成父子关系，就能够壮大自己的实力，而且，父子关系总比君臣或者单纯的上下级关系要牢靠得多。

李克用麾下的将士们得知主帅有这个特殊爱好，纷纷投其所好，向李克用举荐良才或者干脆毛遂自荐，把自己送到"义儿军"当中。在五代十国这个纷繁复杂的政权、犬牙交错的势力共冶一炉的时代，李克用的"义儿军"能够在众多势力中脱颖而出，其实力可想而知。

义子间的博弈

在李克用的众多义子当中，以李存孝最为彪悍。也许论谋略、论心机、论运数，李存孝都不是第一，但是单从武力值上来较量的话，没有任何人会质疑李存孝的绝对霸主地位。从整个五代十国来看，也没有哪个将官能够在李存孝的手底下讨得了便宜。当时流传的一句话叫"王不过霸王，武不过存孝"。

俗话说"木秀于林，风必摧之"，何况李克用的"义儿军"中没有一个稳重的。这些人彼此之间没有任何的血缘关系，都是靠身手敏捷或者军功卓著而被李克用破格提拔上来的。想让这群人亲如兄弟，几乎是天方夜谭。

如果大家的能力都处在同一水平线，那么看在"义父"的面子上，和平共处的可能性还比较大。可一旦有一个出类拔萃的人物出现，众人会不自觉地临时结盟，将矛头指向那个高出同辈的人。李存孝的到来就像是一剂猛药，将义儿军内心深处的争强好胜之心调拨得七七八八。

军旅之中，战功是李存孝等勇武善战之人最好的保护伞，同时也是李存信等工于心计之人排除异己的最佳时机。公元882年（唐僖宗中和二年），盐贩子出身的黄巢率军进驻长安，望着满城的菊花，兴奋地吟出"冲天香阵透长安，满城尽带黄金甲"这样的诗句。一时间，起义军的威望如日中天。避难到蜀川的僖宗不断地催促藩王李克用赶快出兵，助他夺回李氏天下。

李克用奉诏入关，临行之前，按照惯例要在军中挑选一位先锋将官。他的干儿子们都知道先锋将官是最容易出成绩的职位，故而角逐得十分激烈。经过两轮淘汰赛之后，参赛选手只剩下新来的李存孝和心机最深的李存信两个人。比赛结果爆出冷门，新来的李存孝将赛场当作了自己的表演专场，一人独占了所有的风光，风光的同时也在不少人义兄义弟心中埋下了妒忌的种子。

行伍这个圈子，从来就不是讲究尊老爱幼的地方，义兄义弟之间本来就不是亲骨肉，彼此之间的情义就更加淡薄。把他们聚拢到一起的无非是一个"名"字和一个"利"字，连习武之人挂在嘴边的"义气"都谈不上。出名了可以光耀门楣，得利了可以享受人生，而义气只会让自己在刀枪无眼的战场上死得更快一些。

李存孝原名安敬思，是代州飞狐县人。千年之前，飞狐县的飞狐关是连接河北平原和北方草原的交通要塞，全民尚武，民风彪悍，割据北方的几个政权都喜欢打下飞狐关作为自己的据点。飞狐县虽然没有襄阳、荆州那样出名，但也可以列为"兵家必争之地"了。李存孝幼年丧父，自幼习武，后因街头斗殴的时候失手打死了人才逃出家乡，四处流浪。李存孝参军的过程比较特殊，并非是自愿报名的。当时少年李存孝正牧羊的时候，遇上了李克用的大军过境。在没有任何思想准备的情况下，他就被大军裹挟着参了军，成为李克用万人大军中不起眼的一名小兵卒子。他从来没有想过自己会参军，并成为名震天下的"十三太保"之一。

李存孝一路打来，势如破竹，连易守难攻的函谷关和潼关都收入囊中。黄巢知道潼关的战略位置十分重要，就派出大将葛从周前来收复。

葛从周是五代名将，以机智闻名于世。作战之前，葛从周与帐下将官分析局势，大家一致认为李存孝的杀伤力惊人，能在战场上连杀几员大将都面不改色心不跳，堪比三国的甘兴霸，想要取胜的话，必须除掉他才行。可是李存孝的武力大家都有耳闻，自忖谁也不是他的对手。

葛从周很轻松地说出自己的计策："杀李存孝何用我们动手？帮他找一个罪名，相信李克用的义子们都会乐意出头的。"原来葛将军要玩挑拨离间、借刀杀人的把戏了。

李克用很重视葛从周这位对手，特意派出老成持重的李存璋来协助李存孝打头阵。两个义子按照李克用的吩咐，分别率领两个大营驻扎在葛从周大军的两侧。葛从周利用了李存璋和李存孝营帐分开的特点，嘱咐手下不管是白日挑战还是夜晚偷袭，都只选李存璋的部众下手。这样一来，李存璋自然会疑心李存孝是不是已经暗中与葛从周达成了什么协议。

没过几天，葛从周又安排了一支"敢死队"，趁月黑风高的时候闯进李存璋的行营，不杀人只放火，还边跑边喊："不好了，李存孝反了。"最高明的是他竟然找了一个身高、体形和李存孝相似之人乱人耳目。黑暗之中，李存璋看不清对方到底来了多少人，但是"李存孝反了"这句话可是记得一字不差。

李存孝远远看到李存璋的行营有骚动和火光，但他出于谨慎考虑，没有救援，怕中了对手的调虎离山计。李存璋因为被袭，当夜就跑到李克用的大帐告状去了，而李存孝也一夜未眠，天一亮就去李存璋的大营看看他有没有出事。李存孝没想到大帐之中等待自己的赫然是两排甲胄鲜明的刀斧手、满脸怒气的李存璋和表情复杂的李克用。

李克用喜欢李存孝少年英雄的气概没错，可是他说什么也容忍不了自己最得意的义子竟然会串通敌方背叛自己。常言道"事关心则乱"，碰到别人出现这种事，李克用也许还会好好想想是不是中了敌人的离间。可是事情出在目前连打胜仗的李存孝身上，李克用的震怒和惋惜都非比寻常。李克用认下这么多干儿子可不是为了让这些义子们来给自己添堵的，他要的是忠心卖命的将士，岂能容得下背叛自己的虎狼？

李存孝听到质疑的声音，只能大呼"冤枉"，说自己如果真的造反就不会大清早地赶过来自投罗网了。李存璋想想也是，但他不肯为李存孝辩解。他对李存孝晚上拒不救援耿耿于怀，对李存孝屡立战功也心有不甘。

此时，李存信趁机进言，说自己曾无意间听到李存孝咒骂父王，说李克用处事不公，他立下了那么大的功劳却还与我们这些庸才平起平坐之类的混帐话。

　　其实李存信也不是李克用的亲生儿子，他与李存孝还有着一段极为相似的成长经历。李存信的家乡云州与李存孝的家乡代州相距不远，两个人的年龄也仅差一岁。当时谁也没有想到，若干年之后，这两个牧羊娃会因为命运的无常而成为义兄义弟，又因为利益不均成为同一阵营中不肯同心同德的仇人。

　　李存信原名张污落，是回鹘人的后代。他有一个做小商贩的父亲，从小在父亲的指点下，学到了不少市井之中投机钻营的本事。另外，他天生聪颖，有很高的语言天赋，居住在少数民族聚居的云州，竟然掌握了四种不同的语言，还能识别六种少数民族的文字。这个本领让张污落小小年纪就备受瞩目，云州的百姓都把他视为神童转世。

　　李克用的父亲李国昌听说自己的地盘上出现了一个神童之后，就命人把张污落接到军中，好近距离考察考察。考察的结果是张污落从放羊娃就地转正，成为云州府的一员并担任了李国昌的私人助理。他每天跟在李国昌身边与众多年老成精的官僚打交道，愈发工于心计。

　　等到李克用出任雁门节度使，代父出征剿灭黄巢的时候，张污落主动提出要协助李克用，成为少帅麾下的一员谋臣。沙陀部族的人大多勇气有余，智谋不足，张污落很快就突显了自己的重要性。他知道自己的命运与李克用的兴衰息息相关，也不总是一味地阿谀，讨好李克用之余也会委婉地提出自己的建议，对李克用处理军务、上阵杀敌都很有帮助。因此，李克用对张污落越来越倚重，甚至都快以兄弟相称了。

别人都很羡慕张污落能有这份际遇，小小年纪就能得到父子两代藩王的赏识。可是张污落却觉得做李克用的异姓兄弟没有做干儿子稳妥，便毛遂自荐，要做李克用的干儿子。本来李克用对李存信的话是比较重视的，既然他也说李存孝的不是，那么将这个叛徒拖出去问斩就是。幸亏大将军周德威居中调停，说先把李存孝看押起来，随便找个死人悬挂出去，就说是杀了李存孝，看看葛从周什么反应再做决断。

果然，葛从周看到"假"李存孝的尸身后，让手底下嗓门大的亲兵喊话，笑话李克用有勇无谋，中了自己的反间计。如果没有周德威的阻拦，李存孝早就成了一缕阴魂。李克用这才放李存孝出来，还让李存璋和李存信等人向他道歉。这件事就算揭了过去，可是此番猜疑却让李存孝心中埋下罅隙。关键时刻，每个人都只关心自己最切身的利益。

在鬼门关前走了一遭的李存孝懵懂地感觉到自己从加入义儿军的那一刻就被卷进一个复杂的圈子，这里的人有共同的升官发财、光宗耀祖的目标，也有因为个人不同的需求而临时组合的小团体，至于决定圈子是否牢靠的力量只有"利益"这两个字。

没能借葛从周之手除掉李存孝，让李存信颇为恼怒。他更加后悔自己当初将李存孝推荐给义父做亲兵，给了他一个飞黄腾达的机会。

原来，当年刚刚认了李克用做义父的李存信为了表现自己，来到新招募的步卒中挑选那些资质过人的士兵补充到李克用的亲兵队伍中。被迫参军的安敬思（李存孝）就在这拨等待选拔的新兵之中。他骑得快马、开得硬弓、徒手格斗的本领更是无人能敌，这样的军事素质自然上了备选亲军的花名册，安敬思也因为出色的表现赢得了李存信的好感。

李存信不知道，自己这一次为义父筛选亲兵，也为自己物色了一个潜在的对手。安敬思也不知道，眼前这个笑眯眯的长官在短期之内成全了自己光宗耀祖的梦想，最后却给自己布了一个五马分尸的悲惨结局。两个人就以这样一种方式碰面，同在李克用的麾下效力。

一日，李克用要带着一百亲兵去山中围猎，安敬思作为亲兵随行。李克用进山之后先射落几只山鸡当作热身。兴致高了，不觉就纵马来到了山林深处去找寻猎杀难度高一点的野兽了。

一入深山，李克用刚刚甩开部众，就遇到一只斑斓猛虎。李克用大惊，这时候一支羽箭自他身后破空而来，原来是及时赶到的安敬思将猛虎穿了个透心凉。也不知道是李克用的霉运太重还是安敬思走大运了，两个人还没来得及交流，又听到一阵惊天动地的虎啸之声。安敬思有心表现自己，也没有俯身去捡丢在地上的弓箭，赤手空拳就与老虎展开了搏杀。在安敬思的拳脚之下，第二只老虎也变得威风扫地，只能出气没有进气的份儿。可怜的"山林之王"就这样成为安敬思晋身上位的道具。

极短的时间内两次遇袭，让李克用心惊胆战。他忽然想到与其重赏眼前之人还不如将他收为义子，有了这等徒手伏虎的人才，自己的大军何愁战而不胜？

李克用想到此点，就问安敬思的"父母可安好"，安敬思回答："父母早已双亡。"

安敬思还以为大帅会劝慰自己"节哀顺变"，没想到李克用听到安敬思父母双亡的消息竟然是一副喜出望外的神色，直接提出要收他为义子。

本来安敬思只是希望能够得到李克用的另眼相看，给自己安排一个小小的官职，没想到可以用两头猛虎的性命换来李克用义子的名分。他马上磕头，大声说道："父帅在上，请受孩儿一拜。"

当李存信听到第一声虎啸就带着兵士赶到事发地点的时候，看到的就是安敬思低头跪拜口称"父帅"这一幕，李克用大赞安敬思英勇的同时，也隐隐表达了对李存信等人护驾不周的不满。李存信很敏感，他知道自己又多了一个竞争对手，心里直后悔自己当初把安敬思选作亲兵的决定。

李克用的义子众多，彼此之间必然少不了竞争上位。虽然不至于像后宫的妃子一般争相邀宠，但每个人都急于表现自己的心情应该是一样的。尤其是李存信这种谋略型的人才，心思细腻，感受到的压力比一般人更重一些。

光阴在大大小小的争斗中一天天过去。李存孝战功赫赫，在军中的地位愈加稳固。李存信没奈何，眼看着比自己晚几年加入义儿军的李存孝步步高升，炙手可热，心中愈加不满。

公元884年，李存孝再次作为先锋官出战，围剿转战河南的黄巢残部。李存孝急追了几天也没能生擒黄巢，但能将善战的黄巢逼到只带了几十个人突围而出的份上，这份盖世军功足以令人眼红心热。僖宗回朝，论功行赏，李克用当仁不让地成为各藩镇的老大。他得到了不太值钱的宰相虚名，又有了河东节度使的实权，风头之盛，无人可及。

李存孝等义子的地位也随着李克用的荣升水涨船高，成为朝廷亲封的正牌将军。义儿军的大门始终向身怀绝技的年轻士兵们敞开。不过不管义儿军的队伍壮大到多少人，不会韬光养晦的李存孝始终是"老人们"的心结和"新人们"的榜样。

公元890年，李克用和朱温撕破脸开战了，他们争夺的第一个地盘是河东潞州（今山西省长治市）。潞州本为李克用的封地，节度使是李克用的亲弟弟李克恭。一个叫冯霸的军官发动兵变杀死了李克恭，抢到了潞州的大权。可是他害怕李克用的报复，就迅速为自己找了朱温这座大靠山。

秦末之时，刘邦和项羽曾经约定谁先入关中谁就称王。李克用就仿效古人，让李存孝和康君立兵分两路攻取潞州，谁先攻下，就把潞州节度使的位置给谁。

节度使掌管一州军政，可是地地道道的实权高官。尤其是唐朝末年，手握重兵的节度使林立，形成了大大小小的割据势力，甚至是有机会称王称帝的。五代十国的开国皇帝们大都是节度使出身。

李存孝喜欢挑战自我，一路上啃下不少硬骨头。眼看都要打进潞州了，康君立这才慢慢悠悠地跟了过来。大家都以为康君立来也是白来一趟，李存孝的功劳谁不看在眼里？可惜大家都不是李克用，不能代替李克用将潞州节度使的职位授予李存孝。

康君立和李存信交好，他们平时没事就在李克用身边曲意逢迎，很得李克用的欢心。两个人不直接说要抢李存孝的功劳，而是换个角度，说："李存孝兄弟从军以来战无不胜攻无不取，俺们都很佩服。可是攻城略地他在行，守城、治理未必行。万一让他做了潞州节度使，却辜负了您的信任，治理得一团糟，岂不是把以前的功劳都抹杀了？"

李克用听了觉得是这个道理，出于维护李存孝威名的考虑，竟然答应让康君立接管潞州城，做这里的节度使。而李存孝冲锋陷阵好不辛苦，到头来却是"为人作嫁衣"，他的心里自然不能平衡。

战场上的拼命三郎李存孝竟然绝食了，他不吵不闹，却选择了这样一种决绝的方式来表达自己的内心愤懑。李克用听说之后，百般劝慰，承诺以后再打下一州，一定把节度使的位置给李存孝留着。李存孝听从了李克用的劝告，重新振作起来了，但他心里对李存信、康君立之流的厌恶丝毫未减。

"机会总是留给有准备的人。"得到李克用的承诺之后，李存孝在接下来的作战中更加勇猛，很快他又打下一州，才算如愿以偿，做了邢州节度使。距离邢州不远的镇州王镕是独立于朱温、李克用之外的比较有实力的藩王之一。他见李克用刚刚攻下邢州，立足未稳，就带着十万大军来攻占邢州南部一个叫尧山的地方。

李克用让李存信增援李存孝，可是李存信觉得邢州是李存孝的地盘，就出工不出力，故意拖延。李存孝得知李存信故意不肯卖力气之后，一赌气，也按兵不动。他心中有数，王镕的军队不足惧，等到义父发现李存信的阴谋之后再发兵收复尧山也不迟。

两个人在战场之外斗心眼，等待捷报的李克用可着急了。他还以为王镕不好收拾，又派了李嗣源和李存审两位义子出来相助。这两个实诚人速战速决，仅用了几天时间就大破敌军，斩首三万。

这下可水落石出了，原来不是王镕实力太强，而是李存孝和李存信都为了一己私利，有意拖延。李克用将二人招来，询问原因。李存信巧舌如簧，将过错撇得干干净净，自己完全就是不知情的样子。而李存孝则气愤至极，差点当着李克用的面暴打李存信一顿。一个委屈、一个暴怒，李克用就逮住不听话的李存孝，"赏了"二十军棍。这一次，李存孝不光恨李存信狡诈，连带着对李克用也生出不满。

李克用的对手们听到李存孝被打的消息都格外激动。他们觉得拉拢李存孝这员虎将的机会终于来了。行动最快的是李存孝的老对手王镕，他的使者秘密见到了李存孝，将王镕的拉拢之心表达了一遍。李存孝知道对方是在挑拨他和李克用的关系，置之不理，但也没有向李克用汇报。

可是对方接着又说到了李存信屡次坏他的好事，但李克用却偏袒存信之事，让李存孝的信念有点动摇。一连几日，那个口才极佳的使者只要有时间就为李存孝"洗脑"，帮他把反对李克用的心绪点燃到了临界点。

李克用很快得知李存孝与王镕的手下搭上线的事情，就出兵围住了李存孝辖下的邢州城，不断向李存孝施加压力。李存孝也是极其矛盾，既念及与李克用的父子之情，也忘不了李存信的多次陷害，总是躲在城里不肯出来。后来，李存孝在李克用的夫人的劝说下才负荆请罪出城，祈求得到李克用的谅解。

李克用看到李存孝诚信改过，也不想过分责难他，但是又怕不处罚李存孝会让别人以为自己治军不严，就装出要处死李存孝的样子。李克用的如意算盘是刚把李存孝拉到刑场上，其他义儿就跪地求情，而自己就坡下驴，做个顺水人情将人放了。

可惜这只是李克用一厢情愿的想法，当他说要处死李存孝的时候，竟没有一个人敢为他求情。原来李克用平时太威严了，谁也摸不准他的真正意思，以至于谁都不敢求情，害怕自己也会步李存孝的后尘。

等到李克用反应过来"面子事小，生死事大"的时候，听话的行刑官已经发令，让五匹骏马向不同的方向狂奔，战场之上所向披靡的李存孝瞬间被肢解了。李克用后悔万分，一连十天都躲在内堂，不肯接见任何将领。他后悔自己因为好面子而损失了一员虎将，也恼恨其他义儿们不肯求情。

他尤其痛恨总在自己耳边搬弄是非的李存信和康君立。没过多久，他就找了个理由将康君立也杀了。李存信也因此失去了李克用的信任，最后郁郁而终，终其一生也没能赶上李存孝的脚步。

李存孝十八岁从军，三十一岁死在军营，十三年的时间经历了大小百余战，未尝一败。存孝何罪，最终落得五马分尸的凄惨结局？归根结底还是"利益"惹的祸。他的能力太强，军功太高，光芒太盛，把别人的优点都遮掩住了，肯定会引起义兄义弟们"眼红"。尤其是李存信与李存孝之间的明争暗斗，一刻都没有消停，直到眼看着李存孝被处以车裂的极刑才算结束。

后来，李克用和老对手朱温在争夺潞州之际，因染急病，于后梁开平二年（908年）死于晋阳，终年53岁。一代枭雄的人生就此落下帷幕。

李存勖：战场的巨人，治国的矮子

从事传统行业的中国人有个独特的习惯，那就是喜欢"供奉祖师爷"。不管是读书人、习武之人还是木匠、厨子，都有自己行业的开山祖师。别看梨园行在旧社会属于下九流的行业，但他们供奉的祖师爷身份却十分高贵，赫然是两位穿龙袍的帝王，其中一位是唐明皇李隆基，还有一位是五代后唐的开国皇帝——李存勖。

李存勖是李克用的亲生儿子，与李存孝、李存信、李嗣源、李存审等众多义兄一同在战场上厮杀，有着戎马倥偬的辉煌时刻。李克用死后，他承袭了父亲"晋王"的名号，还完成了父亲未了的心愿——打败朱温，推翻后梁，建立霸业。李存勖不愧是李克用的骄傲。但是李存勖的皇帝宝座并不稳固，仅仅四年之后就出现了民不聊生、四处兵乱的局面。后来，刚刚四十一岁的李存勖死在自己曾经宠信过的伶人之手。

在中国历史上，改朝换代之事经常上演，帝王家事很多时候像因果循环一样，总会出现极为相似的一面。与李克用父子最为相似的古人当属曹操和曹丕父子。两家都是做父亲的在末世起兵，以"勤王护驾"的名义征讨天下，但碍于面子没有称帝，而后儿子完成了父亲未了的心愿，称帝登基之后，给死去的父亲追封了皇帝的名号。曹操被儿子追封为"武皇帝"，李克用也被儿子追封为"武皇帝"，连庙号（太祖）都是一样的。但是李家的江山没有曹氏的牢固，仅仅十三年之后就"风水轮流转"，转到别人家了。

千年之后，与中国毗邻的印度，有一位叫泰戈尔的诗人写出了

"生如夏花之绚烂，死如秋叶之静美"的美妙诗句。有人认为，用这首诗的前半句来形容李存勖再合适不过，但是后半句需要略略改动两个字，不是"静美"而是"凄凉"。

我们先看看李存勖如夏花一般绚烂的前半生。这事还得从李存勖的父亲与老对头朱温之间的恩怨说起。

当年被唐昭宗赐名"全忠"的朱温冒天下之大不韪而废唐自立之后，同时代的其他"带头大哥"们很是不忿。像太原李克用、西北李茂贞、蜀中王建、幽州刘守光、扬州杨行密等人就觉得自己与朱温周旋了这么多年，最起码也是平辈。可坐江山是那么容易的事情吗？如果容易，唐朝的最后几任皇帝还不是被咱们这些人逼得狼狈不堪，被几个宦官、权臣玩弄于股掌之间？可是自己不称帝的话，名义上应该向谁靠拢呢？王建表面上闹得很欢，号召大家一起讨伐唐朝的逆贼朱温，私底下却写信给李克用等人，说："既然朱全忠都敢自立国号，我们也都割据一方称帝得了。"

李克用接到信之后，未尝没有自立为帝的打算，但是眼下朱温正是众矢之的，应该是攻打他的最佳时机，岂能因为虚名而耽误了大事？李克用就很正经地回复给王建一封公开信，说："我等深受唐室厚恩，当以光复唐室为己任，岂能做出称帝的不义之举？"这封公开信经天下人之口传扬出来，李克用俨然成为讨伐朱温的正面代表。

其实即使李克用不表态，朱温也要找他。在朱温看来，其余竖子不足惧，李克用才是自己最可怕的敌人。当时两个人的力量对比很明显，朱强李弱，但是自从李克用有了冠冕堂皇的复兴唐室的旗号之后，很多人纷纷依附，力量壮大的速度很快。在双方交错的地盘中，有一个叫潞州的地方具有极为重要的战略地位。这里曾经数次易主，谁都没有真正掌控。朱温象征性地任命了一位潞州节度使叫丁会。不想丁会还是以唐朝旧臣自居，看到李克用旗帜鲜明地复兴唐室，就毫不犹豫地率领潞州的兵民投降李克用了。

于是，围绕潞州城的归属问题，李克用和朱温之间僵持了很久。正当战局逐渐明朗的时候，李克用因为背上的疮毒发作，撒手人寰。关注这场持久战的人都认定战争的天平肯定要偏向朱温这一边了。

李克用虽死，可儿子李存勖子承父业，没有陷在"守孝"的旧俗中无所作为，而是力排众议，决定在守丧期间出奇兵，攻打围守在潞州外围的后梁军队，以解潞州之围。李存勖是个喜欢冒险的人，他骨子里的英雄情结和表演欲望都相当强烈，于是他亲自率领一支轻骑兵埋伏到了距离潞州不足十里的三垂冈静候敌军。

当时李克用留下的班底都被李存勖带来了，在周德威、李存审、李嗣昭、李嗣源等人的共同出击下，梁军大败，一场战役就斩首万余，长达一年的潞州之围解决了，李存勖得胜而归。

在汴梁等好消息的朱温听到了子侄辈的李存勖竟然比其父还要强硬的消息，大惊："生子当如李亚子，至如吾儿，豚犬耳！"

"李亚子"就是李存勖，这个名字还是当年的唐昭宗李晔钦赐的。当年李克用因为剿匪有功，带着儿子李存勖参加了昭宗的庆功宴。唐昭宗看见只有十一岁的李存勖之后大为赞赏，说"此子可亚其父"，遂赐名李亚子。

赐名之后，还拿出许多轻易不肯示人的金玉珠宝供李存勖来挑选。这份笼络表面上是出于对李存勖这个孩子的喜欢，实际上还是因为他背后手握重兵的父亲。

如果说李克用死后，李存勖只有奇袭朱温、大败后梁这么一出精彩好戏，还称不上"生如夏花般绚烂"，他亲自导演的一出"斩兄杀叔"的大戏就可圈可点了。三垂冈的英姿离不开众多义兄的支持，在接下来的这出大戏中，义兄也是主角之一，只不过从正面的"男二号""男三号"变成了大反派当中的"男一号"。

本来李克用死后，将晋王的位置传给长子李存勖，是天经地义的事情。世袭王爵这种美事向来都是亲生儿子的特权。李克用也没想到，自己将亲子和义子"同槽喂养"的方法竟然滋长了义子李存颢的野心。李存颢心想，平时父王在世时，自己的待遇与李存勖是一模一样的，凭什么这晋王的位置只有他一人能坐？

干儿子和亲儿子的待遇平时可以一样，到了关键时刻，当然是血浓于水的亲儿子更可靠一些。李存颢追随李克用多年，南征北战的他也曾立下不少战功。正是因为有了这个资本在前，所以他才会产生不臣之心。

李克用在世的时候广收义子，从千军万马之中挑选的都是武艺超群、脑子灵活的人。说李存颢脑子不灵活不是说他缺谋少智，而是说他看不透李克用收养义子的真正用意。人家收义子、组建义儿军的目的只有一个：强大李家的实力，以等同于亲生儿子的待遇对待这些年轻的将领们，只不过是想让他们更加忠心辅佐自己成就千秋霸业。

李存颢的城府不够，他竟然在李存勖的继位大典上就称病缺席。司马昭之心，谁人不知？李存颢这次肯定要弄出点动静。虽然对于亲子继位这件事，其他人心中未必就平衡，但是他们只是没有李存颢表现得那么明显罢了。正好事不关己，可以静观其变，看看李存勖如何处置与他同辈论交的义兄义弟们。

"日久见人心"固然不错，突发性事件应该更能看出一个人的胸襟、气魄和胆识。军中虽然不是真正的草莽江湖，但是其中拉帮结派、结党营私的事情与外边的江湖并无分别。

李存颢在称病缺席典礼的当晚就开始行动了。他先摸上了李存璋的府门，打算从威望高过自己的义兄身上入手。他相信，如果能打开李存璋这个缺口的话，剩下的事情就好办了。

李存璋又是何许人也？他十六岁从军，结识了刚刚二十岁的云中守捉使李克用。李克用当年号称"飞虎子"，骑马射箭样样精通，能入得了他眼的年轻人肯定武艺非凡。李存璋就是因为作战时表现勇猛，才被李克用另眼相看的，进而惺惺相惜，称兄道弟。两人年龄相当，共同语言就多一些。后来李克用当了晋王，组建了义儿军之后，就把李存璋调过来，做了义儿军团的第一任指挥使。李存璋不好推脱，莫名其妙地就成为比自己年长仅仅四岁的李克用的义子。

李存颢可能是想到李存璋曾经与义父有过兄弟相称的黄金岁月，此刻肯定像自己一样对一个乳臭未干的小儿登基不满。毕竟李存璋勇冠三军的时候，李存勖还在娘胎里。如今让他向比自己儿子还小的李存勖俯首称臣，心中必定怨念丛生。可是李存颢忘了，李存璋与李克用的亲弟弟李克宁、监军张承业都是李克用临终之前叫到内室的辅政大臣，托孤的对象。如果李存璋能够轻易被李存颢说动，那李克用的识人眼光不就显得太差了？

李存颢当着李存璋的面大发牢骚，当他表示对年轻的继位者李存勖不满的时候，李存璋果然斥责了他。李存颢见李存璋不为所动，只好找个借口溜了出来，就此打道回府。他又有些不甘心，于是，李存颢又去拜访与自己私交不错的王叔李克宁。

李克宁是李克用的幼弟，虽然辈分高，但实际年龄比很多"存"字辈的干侄子还小得多。在李克用活着的时候，李克宁说话办事都还牢靠，才会被大哥视为托孤重臣。但是这个人最大的软肋是他的老婆孟氏。孟氏的彪悍、李克宁的惧内早就是李家人心照不宣的秘密。

李存颢上门游说李克宁的时候，他那个厉害的妻子就藏在屏风后面。当孟氏听见老公不听李存颢的劝告，以亲弟弟的身份来继承大统的时候，她直接跳了出来叫骂。最后，孟氏和李存颢联合说服了李克宁，三人开始密谋如何把李存勖赶下台，然后再扶李克宁登位。

"三人成虎"，一个人没有胆量去做的事一旦有了其他人的支持，"鼠胆"也变成了"虎胆"，头脑一热就能做出令自己后悔好几辈子的错事，李克宁就属于这种情况。原本他能凭借晋王李克用亲弟弟、李存勖亲叔叔的身份，享受一生的富贵荣华，可是因为自己内心的欲望被李存颢以及自己的悍妻点燃，一失足就成了千古恨。另一个实诚人李存质因为不肯加入到李克宁他们的叛逆计划，被三个人找借口杀死了。

李存勖既然能从李克用的众多亲儿子中脱颖而出，说明他具有非凡的能力。他在李克宁身边就安排了"无间道"，在最短的时间内得知了叔叔和义兄联手为自己谋划的"未来"。要不是早就留着一手，什么时候身首异处都未可知。李存勖出了一身冷汗，然后下了处决叔叔李克宁的决心。

至于李存颢，本来与自己就没有血缘关系，所以他是死是活与自己关系不大。在李存勖看来，父亲认了那么多的干儿子，都是为自己的江山服务的棋子。那些义兄们其实就是古代的"死士"。既然是"死士"，就要有做"死士"的觉悟，不能整天想着谋朝篡位等不切实际的想法。

李存颢倒是大义凛然，他知道自己即使求饶也是死罪一条，倒不如硬气一些，临死之前也过一回做"英雄"的瘾。李存颢"视死如归"地对李存勖说："如今说什么都晚了，你干脆一刀了结了我们。可是假如我们谋划的大事能够成功的话，今天我们两个人的位置就该换一换了。"李存颢半是威胁的遗言让李存勖后怕不已，万一某一个环节自己没有做好，就有可能性命、地位不保。

不论什么时候、什么身份，因为利益而聚集到一起的人最终还是会因为利益的分配不均而分开。放到王侯之家就更严重了，不论是亲叔叔还是干哥哥，一旦侵害到当权者的个人的利益，都可以牺牲。

有人用"先智后昏"来形容李存勖，是说他称帝前后的反差实在是太大了，他前后期的所作所为根本就不像是同一个人。因为他后期的表现实在是太令人失望了，与前期的英雄气概比起来就不像是一个人。

李存勖当了皇帝之后，喜欢被人奉承，尤其喜欢拿出身这种无法选择的事情做文章。他称帝之后，将国号定为"唐"，就有拨乱反正的意思，他要证明自己是李唐余脉，比后梁朱温的血统要高贵得多。有人为了讨好他，竟然编造说李存勖的母亲曹氏怀孕的时候梦见有一位穿黑衣、执羽扇的神仙撞入怀中才有了身孕。既然皇帝是神仙的儿子，那么皇后的出身也不能太差劲。

小门小户出身的刘皇后为了掩饰自己是太妃婢女的身份，做出了比李存勖还要荒唐的事情。她不仅把前来认亲的亲生父亲打出宫门，还非要认当朝最富有的官僚张全义做干爹。刘氏贪财，她认干爹一方面是觉得有个"名爹"脸上有光，另一方面也能以女儿的身份多讨点金银。有这样一个皇后做"贤内助"，李存勖的江山就不可能稳固。

俗话说"上行下效"，皇上两口子给祖宗脸上贴金到了厚颜无耻的程度，底下的大臣们自然争相效仿。比如，后唐第一将军郭崇韬，此人文武双全，打江山的过程中立下了汗马功劳。可他的祖宗不是名门望族，他为此很苦恼。有人为了巴结他，故意问他与大唐中兴名将郭子仪有何渊源。有了这样的启发，郭崇韬一拍脑袋，就变成了郭子仪第四代孙。

李存勖选拔宰相的标准也极为荒唐，一不看文治，二不看武功，最关注的是出身如何。于是一些眼高手低的唐代贵族后裔如卢程、韦说等就成了后唐的宰相。这些人，因为时间过于久远，他们自己也闹不清自己到底是哪个名人祖辈的嫡亲子孙。至于治国平天下的本事，更是无从谈起。

李存勖做了皇帝之后宠信伶人，做了不少有碍于皇帝身份的事情。这一点其实早在他十三岁时就表现出来了，但没有引起他父亲的重视。李存勖经常跟着身为晋王的父亲参加一些宴席，宴席之上往往少不了伶人们歌舞助兴。天天参加军事训练的少年李存勖不知道哪一天突然心血来潮，对唱歌跳舞产生了兴趣。沙陀部落是少数民族，能歌善舞。李克用喜欢看歌舞，李存勖母亲更是精通此道，算得上色艺双绝的美名，做儿子的继承了一点艺术细胞也就顺理成章了。

一天，李存勖在陪着父亲看完歌舞之后，他悄悄走到后台，请戏子们教他几支曲子、几段舞步。戏子们一看虚心求教的是晋王世子，一个个都受宠若惊，使尽了浑身解数来讨好李存勖。

在中国古代，伶人的地位是很低贱的，入了乐籍的人永世不得参加科举，也不能更换职业，子孙世世代代都要以声色娱人。眼见一位小王爷如此热切地学习这些技艺，就抓紧用心指导，万一将来还能沾光摆脱自己贫贱的身份。

一来二去，李存勖就练出一身战场之外的功夫，唱念做打样样精通。更为难得的是他还能填词、谱曲。词牌《如梦令》就出自李存勖之手。李存勖曾经写过一首《忆仙姿》，其中有一句是"如梦，如梦，残月落花烟重"。据说是苏东坡觉得"忆仙姿"这个名字庸俗，就将此词牌改为"如梦令"了。

李克用当年并不看好儿子的文艺天赋，得知李存勖有这样的"特长"觉得很没面子。他赶走了伶人，还为李存勖请来了讲解《春秋》的老夫子。古文课哪有音乐课有意思，李存勖就敷衍了事，勉强读了一点圣贤之书。但是碍于父亲的淫威，只能把自己做表演艺术家的梦想深埋了起来。后来的事实也证明了李存勖确实伪装了许久，当了后唐皇帝之后，马上就恢复了本来的面貌。

他不但叫伶人在皇宫为他唱戏，兴之所至还换上戏装，梳妆打扮后与伶人们同台演出。作为一名皇帝喜欢唱戏也不算什么十恶不赦的大事，可是李存勖竟然会给几个伶人都赐予高官，让他们去做封疆大吏。如此小材大用，让不少在战场上陪他出生入死的将士寒心。

为了表示对艺术的尊重，李存勖还给自己取了一个艺名叫"李天下"。一次，他在台上表演，兴致高了，大呼两声"李天下"，结果被一个叫敬新磨的伶人上来给了两巴掌。李存勖很不高兴，问敬新磨为什么打他。对方振振有词："治理天下的只有一个人就是皇上您，可是您竟然大呼两声，难道是想有人出来和您争天下吗？"听到这个解释，李存勖不但不怪罪敬新磨，还给了许多赏赐。

李存勖死在一个叫郭从谦的伶人之手。

公元926年，天下大乱，李存勖的地盘上烽烟四起。在洛阳皇宫荒唐了好几年的李存勖非要御驾亲征铲平叛乱，结果还没出宫门，就被郭从谦带领的卫队围困在了兴教门。

也怪李存勖非要冒天下之大不韪，将原本地位低下的"戏子"拔高到前所未有的程度。这些"艺术家们"在后唐成为人上人，除了是皇上身边的红人随意出入朝堂之上外，还能干涉军政大权。既然李存勖如此厚待艺术家，那郭从谦为什么还会背叛李存勖呢？原来郭从谦伶人出身，身份低微，所以他将大将郭崇韬视为自己的本家叔父，对郭大将军极为顺从，想攀住这个高枝。可是郭崇韬因为得罪了李存勖身边的伶人，竟然被杀死在了蜀中。为叔父报仇成为郭从谦刺杀李存勖的第一个理由。另外，郭从谦竟然认了李存勖的义兄睦王李存义做自己的义父。不巧的是，李存义也死在李存勖手上，于是时任李存勖宫内亲兵指挥使的郭从谦就有了造反的双重理由。

郭崇韬和李存义死于李存勖之手，李存勖死于身兼郭崇韬侄子、李存义义子和自己宠信的伶人郭从谦之手。

混战之中，李存勖被流矢射中面门，失血过多而死。守护在身边的几个伶人怕主人的尸首被叛军侮辱，就捡了一些丢弃的乐器放在李存勖身边，一把火给烧了。伶人也是好心，体谅李存勖喜欢音乐，就让几把琴箫陪着他一起化成飞灰。

被亲兵射了一箭，被伶人一把火烧得尸骨无存，这就是后唐庄宗李存勖的死亡。纵观整个封建王朝，恐怕也找不出比李存勖死得更冤枉的皇帝了。

李嗣源："广积粮，缓称王"

残唐五代因为乱世，尚武的风气比太平时代不知道浓郁了多少倍。名将、枭雄辈出是乱世的特色，皇权更迭之频繁也让其他朝代都望尘莫及。从907年朱温反唐自立，到960年北宋建立，短短53年的时间里，中原大地上竟然连续改换了五代门庭，出现了八姓十四君的"奇景"。

李存勖是排在朱温之后登上帝位的。他灭了后梁，以大唐宗室血脉自居，将沙陀人打下来的江山称为"唐"。庄宗"打"天下有一套，可是"坐"天下就显得力不从心了。他只顾着随心所欲纵情享乐，却忘了作为一国之君还要履行治国安邦的责任。李存勖本来没有鸟尽弓藏的意思，可是耐不住身边的宦官、伶人、妃子们谗言不断，只好把曾经功劳大、威望高的义兄义弟、顾命大臣都夺了兵权。结果，李存勖在位仅仅四年，就出现了天下大乱、民不聊生的局面。以前好不容易镇压下去的势力相继冒头，为短命的后唐敲响了丧钟。

李嗣源也是被夺权的义兄之一。他比李存勖年长20岁，最早是李国昌的亲兵。他是代北人，出生于武将世家，原名邈吉烈。因为他的父亲忠勇过人，李国昌才将当时年仅13岁的邈吉烈收为亲兵。等到李克用出兵讨伐黄巢的时候，他与李存信等人一起归到了李克用麾下。

邈吉烈体格精壮、擅长骑射，对李克用的助力很大。尤其是中和四年（884年），李克用被朱温算计，是邈吉烈和史敬思拼死将李克用救出险境。史敬思命运不济，在护主的过程中被乱箭射死，命大的邈吉烈则带着李克用安全回到河东。

脱险之后，李克用就将邈吉烈收为义子，赐名李嗣源。李嗣源为人比较低调，不像寻常武将一样脾气暴躁，好大喜功。他对手底下的兵卒们都很谦和，不喜欢居功自傲，总是尽可能地把功劳分给下边的人。另外他还不喜欢财帛，他的节俭忠厚让李克用大为赞赏，有时候李克用就逼着他去自己的金库任意挑选。可是李嗣源只进去一会，手拿几串铜钱就出来了。

这么好的发财机会都不知道珍惜，很多兄弟都替李嗣源惋惜。他们却不知道，李嗣源此举为名不为利，要不然日后怎能在众将的簇拥之下登上了皇帝的宝座。也许当时的李嗣源还没有这样"窃国"的野心，但是为人厚道、讲义气的品格让他在无形中聚集了很高的人气。

李克用身死，李存勖继位的时候，李存颢出来搅局，撺掇大家谋反。虽然李存颢和李克宁的意图没有得逞，但是却让李存勖对父亲生前认下的诸多义子们增添了许多怀疑。李存勖曾经拉着李嗣源的手，让他站队，表明对自己的忠心。李嗣源马上起誓他对李存勖和李克用一样别无二心，坚决拥护李氏父子的统治，反对一切企图分裂的狼子野心。听完这话，李存勖眉开眼笑，直夸李嗣源是真正的"好兄长"。

李存勖这个皇帝当得很不称职，反声四起的时候，他才不得不起用以前掌兵的义兄们出来为自己收拾烂摊子。李嗣源就是在这种情况下重新披上战袍，奔走沙场。李嗣源出师之后连战连捷，成为后唐第一大功臣。李存勖甚至给他发放了传说中的"丹书铁券"，相当于免死金牌这样的护身符。事实上，没有一块"丹书铁券"能起到免死的作用，更多时候，它们会成为一种催命符，提示上级拥有"铁券"的人有可能会"功高震主"。千万不能小看这四个字，千百年来多少名臣、名将都死在这四个字的手里。

李嗣源觉得自己确实劳苦功高，竟然把李存勖"同为兄弟，共享江山"的甜言蜜语当了真，就不客气地"笑纳"了。一次李嗣源路过李存勖的府库，看见里面有不少盔甲，就以为是李存勖奖赏给自己的。因为之前李存勖承诺过要赏他五百副盔甲，他没等圣旨下来就主动拿走了。李存勖听说之后非常生气。他大骂这个义兄也太不懂事，我说给你东西是我的事，可我还没给你，你竟然自己就来拿？

后来李嗣源辗转得知这件事情，吓出了一身冷汗。他才明白皇上说的话也并非"一言九鼎"，很多时候听起来豪气干云的语言不过是出于表演的需要罢了。庄宗越到后来猜疑之心越重，终于将镇守幽州的李嗣源召到洛阳来，把他放在自己的眼皮子底下，免得自己吃不下睡不香的。

925年，邺都又发生兵乱，李存勖赶忙派元行钦前往平乱。元行钦最早是李存勖的对头刘守光的爱将，后来与李嗣源在战场上狭路相逢，屡败屡战，其意志坚定让李嗣源很佩服。李嗣源仿效诸葛孔明对待孟获的"七擒七纵"，收服了元行钦，收他做了义子。元行钦刚认了李嗣源做义父，又被李存勖相中了。李嗣源是李克用的养子，李存勖才是正牌的太子，所以根本不用争抢，元行钦就换了爹，成为李存勖的干儿子，改名为李绍荣。

李绍荣和李存勖之间还有一段关于儿子抢老子爱妾的故事。李存勖爱美色，曾经宠幸一位美人，两个人还生了一个小皇子。刘皇后善妒，时刻想着怎么做掉这娘俩。一次李绍荣立了大功，李存勖听说他媳妇死了，就说为父日后一定会给你找一个更漂亮的媳妇。

刘皇后一听这话，顿时有了主意。她派人把李存勖宠幸的美人领过来，对李绍荣说这就是父皇赐给你的美人还不谢恩。李存勖有点惧内，虽然当场没有说什么，但事后后悔了很多天。李绍荣稀里糊涂地成为和皇帝老爸"抢女人"还取得成功的幸运儿。

阵前收子，阵后认爹，这也算五代一大特色。一个人能收一群干儿子，说明这个人本事大，有容人的资本。一个人能令众人抢着认干儿子，不也说明此人手段了得？

元行钦倒也不是全能将军，最起码邺都的困局他就解不开，损兵折将之后，无功而返。这时候，李存勖身边的谋臣们七嘴八舌，鼓动庄宗再派李嗣源出马。毕竟在他洛阳住了许久，没有露出任何谋反之意。李嗣源在军中威望颇高，也许他到邺都之后，兵变自动解除也未可知。李存勖实在无将可用，只得答应放李嗣源出来一试。

李嗣源不知道，前面等待他的将是他这辈子最大的一次"危机"。邺都的局面当真是"危险"和"机遇"并存，进一步洪福齐天，退一步则粉身碎骨。

这里的骚乱是一个叫皇甫晖的军官引起的。史书上说皇甫晖为人"骁勇无赖"，可见此人应该是个机会主义者。他看到李存勖失政，天下离心，觉得自己的机会来了。他自己威望不足，就先鼓动自己的顶头上司、邺都的主将杨仁晟造反，杨仁晟不从被他一刀砍死，又找了另外一位领导。第二个人还是不从，结果又被皇甫晖一刀杀了。这个狠人最后找到了胆小怕事的赵在礼做头领，举起了反旗。当李嗣源前来平乱的时候，皇甫晖发现论能力、论人气，赵在礼都远逊李嗣源，于是起了把李嗣源拉下水的主意。

就这样，乱兵首领与李嗣源在熊熊篝火和满地伏尸的战场上进行了一场"别开生面"的会谈。他们很坦白地说："我们兵变之后就后悔了，可是我们听说皇上震怒，要坑杀我们所有的人。与其被活埋，倒不如干脆反了，也弄一个皇帝当当。朱温和李存勖也不是天生的皇族，凭什么他们能做，我们就不能？你来得正好，我们想拥护你做河北的皇帝，与河南的李存勖抗衡，如何？"

李嗣源一听见这样大逆不道的话，赶忙推脱。可他身后的亲信悄悄拽了拽他的衣角，暗示他可以假装答应，否则乱兵们一激动将二人杀了也不是没有可能。此时，李嗣源陷入沉思之中，得到了乱兵的认可，李嗣源可以自由行动了，可他却陷入了两难的境地。回自己的地盘幽州，怕有人说他抗命不遵，意图不轨。回洛阳，怕失败了的元行钦回去之后在皇帝跟前污蔑自己，受到皇帝的处罚。

思量再三后，他还是决定成全自己的一世英名，到洛阳向皇帝请罪。元行钦自己的差事没办好，李嗣源被邺都的乱军劫持的时候也没有救援，他害怕和曾经的义父在皇帝面前对峙，就千方百计阻挠李嗣源进京面圣。李嗣源向皇帝请罪的奏章被元行钦劫持，连派出去做信使的儿子都被元行钦扣留了。

还是女婿石敬瑭对李嗣源说："此时再去京师与送死无异。既然大家都说您要造反，反了就是了。大梁距此不远，钱粮不缺，如果您能以此为据点号令天下，未尝不可。"

李嗣源假意推辞了一番，就在女婿的拥护下，打进大梁。

李嗣源占领大梁之后，没有急着称帝。他打算"广积粮，缓称王"，可李存勖身边人不干，在洛阳的御营就发生了兵乱，李存勖惨死在乱箭之下。李嗣源听说之后，还大哭了一场，告诉天下，死去的李存勖是他的兄弟。李嗣源手下的将官们都撺掇他赶快称帝，他们也好封个国公、太尉什么的高官。李嗣源不领情，非说要找到李存勖的后裔，把皇位给李家保留着。

这个决心可是帮了李存勖的倒忙。本来李存勖还有几个遗孀、子侄流落民间苟且偷生。李嗣源的亲信们找到一个杀一个。这样一来，李存勖的后人反倒因为李嗣源的"仁义"死了个干干净净。

60岁的老将李嗣源"勉为其难"，登上了天下瞩目的皇帝宝座。平心而论，这么大的诱惑摆在眼前，没有几个人能够拒绝。有人拍新皇的马屁，奏请李嗣源更改国号，原因是"后唐气数已尽，请改正朔，辞旧迎新"。

李嗣源没有同意更改国号的建议，他说自己13岁就跟着李国昌卖命，15岁与李克用并肩作战，李家就是自己的家。既然你们说后唐气数已尽，那自己就要中兴后唐，报答李克用的知遇之恩。

在李存勖的葬礼上，李嗣源披麻戴孝痛哭比自己小得多的李存勖，还说只要找到李存勖的骨血，他一定把皇位让出来。

李嗣源上任之后，确实有振兴后唐的意思。他不爱美色、不爱听戏、不喜奢华，也能体谅老百姓的苦处，登基初期让后唐的百姓享受了几年难得的太平日子。

可是李嗣源文化水平太低，治国的能力也很有限，他有心找几个读书人来帮自己定国安邦，可是读书人们胆子小，只给他念念奏章，却不敢发表意见。偌大一个国家到了自己手中却成了烫手的山芋，李嗣源想想也觉得心寒。

李嗣源当朝还有一位"官场不倒翁"叫冯道，此人二十年的时间连续侍奉四朝六帝，位极人臣。我们习惯上认为"三朝元老"就相当了不起，称得上资深官僚了。但是有人将李从远、李从珂、石重贵等在位时间极短的二世祖以及冯道俘虏的辽太宗耶律德光算上，发现冯道经历了大小十个皇帝，而且每一朝都受重用。这个冯道先生竟然是"三朝元老"的三倍还要多，足见其实力和运道的强大。

欧阳修在为五代修史的时候，一边批评冯道丢尽天下读书人的脸，一边不得不承认冯道确实是一个不贪财、不好色的清廉高官。

五代的所谓皇帝们几乎都是外族，让冯道去死心塌地效忠一个人肯定行不通，反倒不如坐在高官的位置上为老百姓悄悄做点实事。

从李存勖、李嗣源到刘知远、石敬瑭、柴荣，冯道都曾打过交道。能在这么多武夫当中存活下来，还能洁身自好，能身居高位二十多年，最后还能全身而退，在中国上下五千年的历史中有几人能做到？

冯道是瀛洲景城人，生于唐僖宗中和二年（882年）。他年轻的时候一边耕种一边读书，倒也自得其乐。这个人的祖上没有出过什么大官，甚至连县令以上的人才都没有。从刘守光手下的幽州小吏开始，冯道走上了他精彩绝伦的仕途生涯。

刘守光暴虐，李存勖登基之后宠信戏子，这两位老板都没有发现冯道的好处。到了半文盲的明宗李嗣源登基的时候，冯道成为宰相，才算是得见天日。因为明宗文化程度不高，所以冯道与明宗对话尽量采用最通俗的语言，好让皇上了解自己的意思。

有一年，年景不好，但是大臣们早就习惯了粉饰太平，没有几个人肯说真话。冯道就将聂夷中的一首《伤田诗》拿给明宗看，告诉他现在的老百姓就是这样一种状态："二月卖新丝，五月粜秋谷。医得眼前疮，剜却心头肉。"简直是字字泣血，句句惊心。明宗知道了真相，还特意命人将这首诗抄录下来，放在自己的寝宫，时时警示自己，不要身居高位，就忘了普通百姓。

李嗣源去世之后，失去知己的冯道就是纯粹为了做官而做官了。尽管他偶尔也有忠言直谏的时候，但每次都是反复斟酌，确定在不会触怒皇上的情况下才发言。

明宗李嗣源的另一位极为倚重的臂膀叫安重诲，此人虽然只风光于明宗一朝，但他的地位在当时比冯道更加稳固。冯道是文官，只在写文书、下圣旨的时候对皇上做一些适当的规劝。安重诲不一样，他是撺掇李嗣源登基的开国元勋，曾经是李嗣源最为倚重的左膀右臂，甚至连李嗣源最为宠爱的妃子王氏都是安重诲献上来的。

安重诲是山西应县人，年轻的时候就投身军旅，跟在李克用的义子李嗣源身边。十几年的戎马生涯当中，骁勇的安重诲逐渐成为李嗣源的心腹爱将。沙场之上结下的生死情义比起其他关系的君臣来说感情更深厚一些。所以明宗即位之后，对安重诲很慷慨，即便他有什么不对的地方，也是尽量宽容。

这样长时间处于一人之下万人之上的地位，安重诲后期有点得意忘形，时常会和明宗争得面红耳赤。一次，明宗要提拔一个年轻人做节度使，就让安重诲给安排一下。安重诲心中不喜欢那位年轻人，直接回绝说没有空缺，等等看吧。等了一个月，明宗问起此事，安重诲还让再等。最后看到明宗真的生气了，他才不得已给年轻人安排了一个职位。

还有一次，明宗的义子李从珂酒桌上得罪了安重诲，第二天酒醒之后还得亲自登门向安重诲请罪。明宗听说此事之后，不但不惩戒安重诲，反而担心自己的义子会遭到安重诲的打击报复，找了个借口，把义子打发到远处，躲避安重诲的明枪暗箭去了。

这样嚣张跋扈，连皇帝都不放在眼中的权臣，却没有谋反之意，因为直到死，也没见安重诲流露出一点谋逆的意思。

前有汉高祖"飞鸟尽"时"良弓藏"，"狡兔死"时"走狗烹"，后有宋太祖"卧榻之侧岂容他人鼾睡"，可见一代皇帝无论多么大度，也不能容忍自己的权威一再受到挑衅。真正能主宰一朝一国的人绝对不会放过像安重诲这样居功自傲的重臣。

之前安重诲能够欺君蔽上，是明宗的宠信之故。当那些善于察言观色的人发现明宗对安重诲起了猜忌之心的时候，必然会抓住一切机会来加重君臣之间的矛盾。

果然，当安重诲离开京城担任河东节度使的时候，明宗派了长子李从璋专门监视他的动向。李从璋本来就不喜欢这位飞扬跋扈的权臣，拿到了监视权之后就自作主张，找个理由将安重诲杀了。抄家的时候，李从璋十分积极，他以为会出现金山银海，可以发一笔横财。没想到安重诲身后的余财并不多，所有的资产加起来也不过数千缗。

缗是古代串铜钱的绳子，数千缗钱对于普通百姓来说确实不少，但对于权臣来说，确实少得不能再少了。听到这个汇报，明宗心里也有点后悔是否杀错了人。

至于实际情况到底是死了的安重诲善于隐匿财产还是李从璋故意隐瞒不报，我们就不得而知了。安重诲被杀之时，还大声疾呼："其死无恨，但恨不与官家诛得潞王，他日必为朝廷之患。"以此来提醒明宗李从珂日后必反。可惜李嗣源没听，否则也不至于出现义子杀亲子的惨剧了。

李嗣源在义弟李存勖死后做了皇帝，称为后唐明宗；他的儿子李从厚继位，称闵帝；儿子被干儿子杀死，女婿又开宗立派，建立了后晋，是历史上大大有名的"儿皇帝"；他手底下的一员虎将刘知远等到石敬瑭死后也过了一把皇帝瘾，成为后汉的高祖。一个皇帝一生之中与这么多不同朝代的皇帝都有密切的关系，李嗣源可谓古今第一人。

小心翼翼的李嗣源没能保证后唐的江山万世永存，七年之后他病死在皇位之上，连遗嘱都没有留下。当时并不是没有机会立遗嘱，而是李嗣源舍不得皇帝位置。每次遇到大臣劝谏自己立储的时候他都会质问人家是不是嫌他年老体衰，无力治国。遇到这样贪恋权位的皇帝，还有谁敢捋虎须？

明宗后宫并不多，后妃加起来不过三四人，儿子只有五个亲子和两个义子。李嗣源以前认过元行钦做义子，后来元行钦被庄宗夺爱了，李嗣源就只剩下李从珂一个干儿子了。

说李从珂是李嗣源的"义子"，不如说是"继子"更为恰当，因为李从珂的母亲魏氏后来嫁给了李嗣源做小老婆。李嗣源对李从珂这个继子的感情是相当复杂的。未当皇帝之前，爷俩互帮互助，感情一直很好。可是当了皇帝之后，让他放着自己的亲骨肉不闻不问，立能力更高、军功更大的李从珂为太子，也是不可能的。

李嗣源的大儿子李从审为人倒是不错，但是英年早逝，死于他早年的义子元行钦之手；老二李从荣风流倜傥，为人浮华，明宗不看好他；老三从厚倒是颇有乃父之风，为人厚道，明宗有心偏袒从厚，又怕别人怪他废长立幼，引起不必要的兵变，所以采用一个"拖字诀"，不肯面对立储的问题。至于义子李从珂，谁都没有考虑过将太子之位传给他。可李从珂有点像上一辈的李存颢，觉得自己位高权重，一样有权继承皇命。没人注意自己没关系，等义父驾崩之后，他再出手也不晚。

后来明宗病重未死，李从荣就等不及了，召集了军队准备夺权。只是李从荣的人缘太差了，朝中的实权派几乎都得罪了，军中的将领也都不喜欢他，所以他要夺权基本上就是天方夜谭。结果李从荣夺权未成，明宗反倒回光返照，处死了他。看到儿子死在自己面前，明宗又颇为不忍，没过几天，伤心过度也死了。

时任天雄军节度使的三儿子李从厚奉诏连忙回京即位，称后唐闵帝。李从厚比较忠诚，以前都不敢想象自己有朝一日能够继承大统。如今好事降临，他异常激动。他没有什么雄才大略，若是在太平盛世从容继位，也许还能当个及格的守成之君，不幸的是，他活在"弱肉强食"的五代时期，命运不可能一帆风顺了。

没过多久，干哥哥李从珂不服，举兵造反了。李从珂也是打着"靖难"的旗号起兵的。"靖难"就是"清君侧"，这几乎是历朝历代造反起兵的人最喜欢的借口了。他说李从厚年幼不懂事，被权臣朱弘昭控制了。李从珂当时已经五十多岁了，历来掌握大军，他一路打过来，所向披靡，朱弘昭吓得自杀了，李从厚没了主心骨就离宫投奔姐夫石敬瑭去了。李从珂赶走李从厚之后，自立为帝。

李从厚哪里知道自己投奔的姐夫石敬瑭也不是可靠的人。看着他们打得挺热闹，石敬瑭也按耐不住了，他为了讨好李从珂，就暗示卫州刺史王弘贽杀了李从厚的随从。最后李从珂又派人将李从厚也杀了。石敬瑭又竖起了讨逆的大旗，还把契丹人引入了中原，成了后晋有名的"儿皇帝"。

鸽派皇帝耶律洪基

文 / 填下乌贼

相当多的人是通过《天龙八部》知道了辽道宗耶律洪基，小说中的他个性鲜明、勇武好战，时刻想着吞并南朝一统华夏，最后走上了一条穷兵黩武之路。然而历史上的耶律洪基却并非如此。

亲宋汉化

历史上的耶律洪基是一个十分亲宋的辽国皇帝，汉化程度极高。

要说耶律洪基，必须先简单介绍一下北宋和辽国的百年外交关系。

公元907年，耶律阿保机被草原八大部落首领推选为可汗。

公元916年，阿保机正式立国，国号"契丹"。

公元936年契丹扶植石敬瑭建后晋国，作为回报，石敬瑭认辽太宗耶律德光为"父皇帝"，自居"儿皇帝"，并割燕云十六州于契丹，由于占据了燕云十六州的肥沃辽阔土地，契丹改国号"辽"。

公元947年，后晋出帝石重贵反辽被灭。

公元951年，辽再次扶植刘崇成立北汉小王国，以此作为其与中原政权的战略缓冲带。

公元960年，北宋赵匡胤陈桥兵变代周立国。

公元979年，宋太宗挥师北上讨伐北汉，北汉亡，辽国作为北汉的宗主国应邀援汉攻宋，自此两国交恶。

公元979年，北宋挟灭北汉之风首伐辽国，在高粱河一役大败而回。作为报复，辽军曾数度越界南下（满城之战、雁门之战、瓦桥关之战）。

公元982年，辽景宗去世，双方处于休战状态。

公元986年，赵光义再次三路北伐（雍熙北伐），由于准备不足，再次大败，名将杨继业战死，北宋从此失去了收复燕云十六州的军事实力，从主动进攻被迫转入战略防御。

公元1004年，大辽承天太后萧绰、圣宗耶律隆绪亲率大军南下攻宋，宋真宗赵恒在宰相寇准的"逼迫"下无奈御驾亲征，两国最高元首汇聚于濮阳城黄河北岸。由于双方都对战争的最终结局缺乏必胜信心，兼之辽国大将萧达凛意外中箭身死，辽国主动请和。太平天子宋真宗对此一拍即合，两国遂签署《澶渊之盟》，约为兄弟之国，世代通好。

从1004年宋辽《澶渊之盟》条约缔结之日起，一直到1120年宋金秘密缔结"海上之盟"相约夹击辽国，这116年的岁月，宋辽这两个屹立在世界东方的大帝国基本保持着友好往来的局面，双方每年互派使者通好：贺生辰、贺正旦以及吊祭，从1004年到1121年，共计643次之多，辽国称呼宋朝为"南朝"，而宋朝则心照不宣地称呼辽国为"北朝"。

当然，其间也有一些小小的不和谐音符：辽有"重熙增币"（公元1042年）和"熙宁划界"（1074—1076年），利用宋夏开战趁火打劫；而宋也有鹰派人物轻启边衅，雄州知州赵滋将在两国界河中捕鱼的契丹渔民射杀并沉船（公元1061年）。但总体而言，依然是和平的时候多，而摩擦的时间少，算得上是天下太平。

故而，在小说发生的公元1062—1094年间，宋辽两国一直睦邻友好，互不交兵，以兄弟之国交往。既没有辽道宗耶律洪基的处心积虑铁骑南下，也没有宋哲宗赵煦的励精图治整军北伐。

耶律洪基是辽国的第八位皇帝，其祖父为辽圣宗耶律隆绪，其父为辽兴宗耶律宗真，祖孙三人分别坐了50年、25年和47年的皇帝宝座，加起来长达122年之久，占了辽朝国祚（共209年）的一半还多，这和后世的明代嘉隆万三朝、清代康雍乾三朝极为相似。耶律洪基很长寿，1032年出生，1055年即位，1101年去世，享年69岁。

纵观耶律洪基的一生，有三个关键词需要提出：亲宋汉化、识人不明、醉心佛法。如果说第一条是"正能量"的话，后两条直接将辽帝国一步步推向衰亡。

耶律洪基是一个十分向慕宋朝的皇帝。其实自草原开国以来，契丹一直对中原的汉文化有着近乎虔诚的学习之心。《澶渊之盟》签署后，宋辽两国从高层到民间，双方的政治、经济、文化交流活动贯穿了整个11世纪而络绎不绝。到了耶律洪基亲政后，更是到了登峰造极的地步。

耶律洪基对宋仁宗赵祯无比崇拜。其仁宗情结从何而来？举几个例子。

话说耶律洪基当太子时，有一次曾化装成贺正旦使的随从混进大宋都城。他以为此事人不知鬼不觉，其实宋朝安插在辽国的细作早就将情报反馈到宋仁宗那里。仁宗接见辽国来使的最后环节，笑嘻嘻地下殿，将耶律洪基从人群中隆重请出，拉着他的手游览大宋禁宫，最后语重心长地劝勉这位别有用心的辽国皇侄："朕与汝一家也，异日惟盟好是念，唯生灵是爱。"搞得耶律洪基又感动又惭愧，从此在心中埋下了仁爱亲宋的种子。

1063年，宋仁宗去世，告哀使节将噩耗传递到辽国时，耶律洪基拉着宋朝使臣的手痛哭："四十二年不识兵革矣！"不止耶律洪基哭，当时许多辽人也哭了。据宋人陈师道在《后山谈丛》记载："仁宗崩，讣于契丹，所过聚哭。""仁宗皇帝崩，遣使讣于契丹。燕境之人，无远近皆聚哭。"宋仁宗的人格魅力由此可见一斑。

宋人晁说之在《嵩山文集》卷二《朔问下》中记载："虏主（耶律洪基）虽生羯犬之乡，为人仁柔，讳言兵，不喜刑杀。慕仁宗之德而学之，每语及仁宗，必以手加额。为仁宗忌，日斋不忘。尝以白金数百，铸两佛像，铭其背曰：'愿后世生中国。'"

宋人邵伯温在笔记《邵氏闻见录》中记载：辽道宗耶律洪基曾对宋哲宗使臣说："寡人年少时，事大国（宋朝）之礼或未至，蒙仁宗加意优容，念无以为报。自仁宗升遐（去世），本朝奉其御容如祖宗。"说完流下了感伤的眼泪。

这些事迹都深深表明了耶律洪基是一个十分亲宋的皇帝，且耶律洪基的汉化程度极高，诗赋成就在辽代诸帝中应该是最高的。耶律洪基的诗作受唐诗影响较深，讲究韵致，反映了契丹贵族崇尚中原文学，积极学习和吸收汉文化的倾向。其与臣下常有"诗友"之交，常以诗词赐外戚近臣。据陆游《老学庵笔记》记载："辽相李俨作《黄菊赋》献其主耶律洪基，洪基作诗歌其后以赐之。"

耶律洪基还著有《清宁集》文集一册，但可惜的是今已散佚，无法再得知文集的相关内容了。

皇后冤死

耶律洪基的皇后萧观音也是一位汉化程度极高的奇女子。萧观音是耶律洪基的祖母钦哀皇后萧耨斤之弟萧惠之女，《辽史》称其"姿容冠绝，工诗，善谈论。自制歌词，尤善琵琶"，是个多才多艺的皇家才女。

萧观音和耶律洪基从小青梅竹马，两人的结合在辽国百姓看来是理所当然的天作之合——当然，萧观音结婚时年纪略小，只有四岁，他的新婚丈夫耶律洪基也只有区区十二岁，两人算是娃娃亲。

但凡才女，总难免有文艺青年之气息，萧观音也不例外。因为丈夫生平好饮嗜猎，常常居于捺钵营帐中过夜而不回宫，青春年少的萧观音免不了心生哀怨，作了《回心院词》来规劝自己的丈夫。《回心院词》共十首，分别描写了扫深殿、拂象床、换香枕、铺翠被、装绣帐、叠锦被、展瑶席、剔银灯、热熏炉、张鸣筝等十种春闺之行，颇为香艳。萧观音又让宫廷首席御用琴师赵惟一将其谱曲传唱。

因为萧观音和赵惟一关系密切，被奸臣耶律乙辛看在眼里。耶律乙辛想借着萧观音打击其子耶律浚——后者是辽国皇储，未来的辽国国君，看耶律乙辛不爽很久了。

大康元年（公元1075年），耶律乙辛收买了萧观音身边的单登、清子等近侍，一手炮制了《十香词》冤案，说这首类似《十八摸》的"淫词艳曲"是萧观音和赵惟一私通的情诗，上面还有藏头诗作为铁证。耶律洪基怒火攻心，以"铁骨朵"击萧皇后，几至殒命。道宗又派参知政事耶律孝杰与耶律乙辛共审此案。二人对萧观音施以酷刑，逼其自尽，萧观音想见道宗最后一面，也未获准，遂作《绝命词》一首，饮恨而逝。二人又严刑逼供赵惟一诬服，诛赵惟一三族。

两年后，耶律乙辛罗织了太子耶律浚欲图阴谋夺位的罪证，耶律洪基不及细察，将亲儿子废为庶人。同年，耶律浚被耶律乙辛派出的杀手杀死于上京。

萧观音和耶律浚的遇害，为耶律乙辛扫清了全部的政治障碍，整个道宗朝后期，耶律乙辛几乎做到了一手遮天。

耶律乙辛还想斩草除根，杀死耶律浚的儿子耶律延禧以绝后患，所幸耶律洪基对此终于有所警觉，阴谋未遂。大康五年（公元1079年），魏王耶律乙辛降封混同郡王；大康六年（公元1080年），耶律洪基封皇孙延禧为梁王，再降耶律乙辛出知兴中府事；大康七年（公元1081年），耶律乙辛以罪囚于来州，帮凶张孝杰（耶律孝杰）削职为民；大康九年（公元1083年），耶律洪基为耶律浚平反，追封其为昭怀太子，耶律乙辛谋亡入宋政治避难，被诛。

耶律洪基在执政晚期终于醒悟过来，为自己的妻儿报了仇。但这一切都已经太晚，晚年的耶律洪基一边扶植皇孙耶律延禧，一边醉心佛法以求来世，大辽帝国终于步入了它的黄昏期。

醉心佛法

耶律洪基在弘扬佛法、祠佛饭僧方面，做得相当奢侈：

咸雍六年（公元1070年），耶律洪基加封圆释、法钧二僧并守司空。

咸雍七年（公元1071年），置佛骨于招仙浮图。

咸雍八年（公元1072年），为春、泰、宁江三州三千余人授戒僧尼。

大康四年（公元1078年），诸路奏饭僧尼三十六万。

大安三年（公元1087年），海云寺进济民钱千万。

大安九年（公元1093年），遣使祠佛饭僧。

或许是因为妻儿的冤死，或许是对帝位的厌倦，晚年的耶律洪基将帝国带入了一个巨大的泥潭，一步步等着女真掘墓人的到来。辽朝亡于天祚帝耶律延禧，其实和耶律洪基执政晚期的不作为也不无关系。

《辽史》本纪道宗卷的最后，对耶律洪基有过一段盖棺定论，这一段"墓志铭"如下：

> 道宗初即位，求直言，访治道，劝农兴学，救灾恤患，粲然可观。及夫谤讪之令既行，告讦之赏日重。群邪并兴，谗巧竞进。贼及骨肉，皇基寝危。众正沦胥，诸部反侧。甲兵之用无宁岁矣。一岁而饭僧三十六万，一日而祝发三千。徒勤小惠，蔑计大本。尚足与论治哉？

纵观耶律洪基的一生，南亲大宋，西和西夏，东携高丽，北驱鞑靼，对百姓也做到了宽厚仁义，是个合格的守成之君。但识人不明，晚年昏匮，放纵僧尼，骄奢淫靡，导致了国家的迅速衰亡，客观公正、一分为二地看，勉强打个及格分吧。

辽道宗死后，葬于内蒙古赤峰市巴林右旗的永福陵，耶律延禧将祖母萧观音遗体与其合葬，也算是为祖母平反昭雪了。辽道宗永福陵与祖父圣宗永庆陵、父亲兴宗永兴陵一起归于大兴安岭的怀抱。直到829年后的1930年兵荒马乱之际，热河军阀汤玉麟对三座陵墓进行了毁灭性的盗掘。

而有趣的是，山西应县的应县木塔（佛宫寺释迦塔）里，却供奉着圣宗的钦哀皇后萧耨斤、兴宗的仁懿皇后萧挞里以及道宗的宣懿皇后萧观音三代萧后。《辽金史论集》作者张畅耕认为，应县木塔为萧挞里倡建，用作萧氏的家庙，来彰显其一门三后、一家三王的累世功勋，应县应该是萧氏的诞生地。

耶律洪基生前迫害萧观音至死，死后却同穴而眠；萧观音遗像至今在三晋大地上受万众敬拜，而耶律洪基朽骨早已混同草木一体而不知所踪，两相对比，真叫人无端生出多少感慨和嗟叹。

一手遮天的诸葛亮

文 / 汗青

　　公元223年，蜀汉昭烈帝刘备连连遭遇了一系列重大挫折，东部咽喉重镇荆州在曹魏和东吴的夹击下被夺取，情同手足的心腹大将关羽、张飞随即接连身亡，他亲自带军出征却在夷陵之战中大败而归，最后在白帝城病故。

　　刘备病危之时，召丞相诸葛亮、尚书令李严托孤，命二人辅佐其子刘禅。期间刘备与诸葛亮曾经有一段对话，据《三国志·蜀书·诸葛亮传》记载是这样的：

　　　　章武三年春，先主于永安病笃，召亮于成都，属以后事，谓亮曰："君才十倍曹丕，必能安国，终定大事。若嗣子可辅，辅之；如其不才，君可自取。"亮涕泣曰："臣敢竭股肱之力，效忠贞之节，继之以死！"先主又为诏敕后主曰："汝与丞相从事，事之如父。"

这段话和事情的经过，就是被后人津津乐道，推举为君臣之间肝胆相照的千古佳话——白帝托孤。此段加上后来诸葛亮为北伐而上的《出师表》，一直以来被作为推崇诸葛亮为"千古第一人臣"的典范事例和佐证。

对此，笔者其实是有不同看法的。诸葛亮，作为一个在乱世之中奉行法家申韩之术的人物，其面目绝非像一直以来文人骚客们所描绘的那样谦恭，而是一个懂得时刻要牢牢把持权力和实力，关键时刻对任何人都绝不手软的政治家，包括对其第二个主子刘禅以及朝野上下的大臣、百姓在内，莫不如此。

先来看看白帝托孤。

白帝托孤，刘备对诸葛亮说的"君才十倍曹丕，必能安国，终定大事。若嗣子可辅，辅之；如其不才，君可自取"一段话和诸葛亮后来的"鞠躬尽瘁"，既不是刘备首创，也不是仅仅只发生在诸葛亮身上。远的不说，在三国早期，东吴奠基人孙策在临终时就已经上演过这样一出戏文。《三国志·吴书·张昭传》：

> 策谓昭曰："若仲谋不任事者，君便自取之。正复不克捷，缓步西归，亦无所虑。"（张昭）上表汉室，下移属城，中外将校，各令奉职。权悲感未视事，昭……乃身自扶权上马，陈兵而出，然后众心知有所归。

此时孙权年约十九，而刘禅是十七岁登基，两人的年纪大体相仿。但孙策死的时候，正值各路军阀混战、孙策势力东征西讨乘机扩张之时，其势力并未得到巩固，显然比不得早已扎稳根基的蜀汉政权，所以张昭受孙策临终嘱托后，其"上表汉室，下移属城，中外将校，各令奉职。权悲感未视事，昭……乃身自扶权上马，陈兵而出，然后众心知有所归"等一系列的举动，比之刘备托孤后诸葛亮的作用，要重要得多。而论地位，张昭之于东吴不逊于诸葛之于蜀汉，再论发生年代也是孙、张在前，后世人等独推昭烈、孔明而漏桓王、子布，显然并非是记性不好忘记了此事。这掠人之美的举动，其用意只怕就是要让孔明专美于前。因此认真说起来，此事并无什么值得大肆褒扬的地方，真要说也应该先说孙策和张昭才对。

另外，刘备在白帝托孤之时，并非只找了一个诸葛亮，还有一个李严在侧。刘备能把远在成都的诸葛亮召来托孤，说明他有足够的时间来考虑和处理这个问题，因此托孤于诸葛亮、李严二人，并非仅仅是因为李严在身边方便之故，而是应该有其很成熟的考虑的，甚至可以说是煞费苦心。

蜀汉政权的根基主要是由三个势力集团组成：占主导地位的刘备嫡系荆楚集团，前益州刺史刘璋时期的东州集团，本地人为主的益州集团。益州集团从刘璋时期开始就没能在政治上占据大的舞台，一直处于一个陪衬的地位，所虑不大，这一点，从《三国志》的传记就可以知道。蜀汉就是除去王室成员，列传中本地人士也才十九人，大约只占了三分之一强，而且无一是高层官吏，均为下级官吏和侍郎一类的闲官。因此需要考虑的乃是荆楚、东州集团之间的问题。

此前战略要地荆州的丢失，关、张败亡以及夷陵之战，这一系列的事件使得荆楚集团遭了重大创伤。而在这个时候刘备又一病不起，当然会想到自己身殁以后，这三者之间的矛盾和蜀汉政权的巩固问题，同时也有理由相信他对诸葛亮并不是完全信任和毫无顾虑的。

"君才十倍曹丕，必能安国，终定大事。若嗣子可辅，辅之；如其不才，君可自取。"刘备既然以这样的方式将这话明白地说了出来，那诸葛亮也只有以"涕泣曰：'臣敢竭股肱之力，效忠贞之节，继之以死！'"这样的态度，来明确地表示他唯有尽忠而死也不会取而代之一途了。不管怎么样，在那个年代里，他是不可能爽快地答应一声"好"的。但是如此一来，倘若日后刘禅昏庸而诸葛亮真的想要取而代之，那他就要先背上个辅佐不力，背主食言的骂名，在政治、舆论以及民心上都将会面对"不臣不忠不义"的罪名，并因此导致师出无名而居于劣势。所以刘备这话与其说是信任与托孤，不如说是一种先发制人的威胁策略，亦或者是无奈之下欲擒故纵的一种权谋。

而另一位重要人物李严，在刘璋时期就是东州集团中的佼佼者。自刘备入主成都以后，他在任上又屡次以少数兵力平定大规模的叛乱，充分表现了他出色的军事和政治能力。相比较而言，诸葛亮此前在政治和外交上展示了他的出众能力，但在军事上并没有什么突出的建树，因此刘备很明智地做出了这样的决定：

> 严与诸葛亮并受遗诏辅少主；以严为中都护，统内外军事。（《三国志·蜀书·李严传》）

实际上，在刘备临终的前一年章武二年（222），就已经把李严拔为尚书令，在官阶上可与诸葛亮比肩了。由诸葛亮行丞相事，而李严则主掌内外军事，这样的分配正好能让二人互相制衡，以免有一方坐大。而从当时蜀汉政权的权力机构的构成和实力分配来看，刘备要防备坐大的一方，绝非是当时不处在权力中心和主导集团领袖地位上的李严。在短短的一年多时间内，通过将李严从犍为太守地方长官的位置上提升到尚书令，并借由其政治地位的上升以及原有的基础，人为地将李严制造成为实际上的东州集团代表这一事实，充分说明了刘备对李严更多的是笼络，而不是提防。刘备将这样一个快速提升起来、以前从未进入过权力中心的政治新秀李严，列为两名托孤重臣之一，并且命其"统内外军事"，再联系"君可自取"的言语，显然说明刘备要防备、制衡的目标是诸葛亮无疑。

但在另一方面，作为君主的刘备，又是肯定希望他们二人能够全力合作来加强其政权的。李严除了前面说的那些优势外，另外还有一个有利条件，那就是他是南阳人，与"诸葛公侨客兹郡，有乡党之分"，因此刘备希望他二人可以多点"必能协规"的可能性（《三国志集解》），从而通过这两大集团的领袖人物的通力合作来协调两大集团，以应付他身殁以后蜀汉政权可以想见的、必定会面临的各种危险局面，进一步巩固蜀汉政权。

遗憾的是，诸葛亮的性格和一贯的志向，使他并不愿意看到李严与他分享权力，甚至极端地不愿意李严进入政治权力中心机构所在的成都。

两个托孤重臣，无论从哪方面讲，都应该居于首都成都，尤其李严还是"统内外军事"这样一个相当于三军司令的人物。如果说刘备死时蜀汉与东吴处于敌对状态，李严留镇永安是必须的话，那么在蜀汉与东吴在建兴元年（223）"吴王孙权与蜀和亲使聘，是岁通好"(《三国志·蜀书·后主传》)后,还是将李严这么一个"统内外军事"、各方面都与诸葛亮并列的托孤重臣,继续置于和东吴交界的永安,显然是不合适的。但在这样的情况下,李严却于建兴四年(226)春去了面对东吴的二线城市江州,依然没能进入政治权力中心的首都成都。

作为一个混迹官场几十年,又有很强军政能力的人物,李严是不可能不明白远离政治权力中心的负面效应,乃是远离统治阶层的各个官僚集团,其政治影响力越来越小,最后逐渐被人遗忘。而他还不至于也不会敢想去自立为王,因此不太可能自愿求居江州。从他后来曾"更成大城,周回六十里……求以王郡之巴州,丞相诸葛亮不许"(《华阳国志》)的举动来看,他是非常想进入权力中心的。只是既然不能进成都,那只好退而求其次"以王郡之巴州",当然相信他也明白这样的可能性更渺茫,因此这也许仅仅是他的一种表达不满和要求的姿态而已。但是不管怎么样,这都可以说明他并不是自愿远离政治和权力中心成都的,而有能力做到这一点的,蜀汉举国上下唯诸葛公一人而已。

他们两个照后世的称谓,乃是"顾命大臣",因此从官位和政治地位以及权力分配上讲,都应该是基本并列的。但事实上自从诸葛亮扶刘备灵柩回成都之日起,李严就已被撇在了一边:

> 建兴元年,封亮武乡侯,开府治事。顷之,又领益州牧。政事无巨细,咸决于亮。(《三国志·蜀书·诸葛亮传》)

建兴元年，封（李严）都乡侯，假节，加光禄勋。

（《三国志·蜀书·李严传》）

同是托孤重臣，诸葛亮此前已假节钺，现在晋封乡侯，并且开府、领益州牧，其中的开府、领益州牧，意味着他可以向朝廷推举府属官吏，并成为益州的最高军政长官，都是把握实权的举动，而李严虽然也晋封乡侯、假节，但却只加了个光禄勋的虚衔，相比之下显然分量就轻得多了。

如果不是一味盲目景仰，而是客观地去看待的话，从诸葛亮那篇被后世百般推崇的《出师表》中，也可以深刻地感觉到当时诸葛亮大权独揽、权倾朝野，明显地时常对后主刘禅指手画脚，甚至还表露出一副咄咄逼人的威胁态度来迫使刘禅就范。同时在他心里还有着许多忧虑，也可以从中体会到当时蜀汉朝廷权力斗争的激烈状况。

他在《出师表》中，先说了当前是危急存亡之秋，形势严峻，而后话锋一转道：

诚宜开张圣（听），以光先帝遗德，恢弘志士之气，不宜妄自菲薄，引喻失义，以塞忠谏之路也。宫中府中俱为一体，陟罚臧否，不宜异同。若有作奸犯科及为忠善者，宜付有司论其刑赏，以昭陛下平明之理，不宜偏私，使内外异法也。

这其中的"宫中府中俱为一体，陟罚臧否，不宜异同"一说，就把刘禅的"宫中"和他开府的"府中"归成了"俱为一体"，将皇帝的宫中等同于他的丞相府。然后说"若有作奸犯科及为忠善者，宜付有司论其刑赏，以昭陛下平明之理，不宜偏私，使内外异法也"，这就进一步地明确要求刘禅把宫中的事体也要交给他"开府"后的幕府来管，不用宫中的管理机构来处理了。如若刘禅不答应的话，那就是"内外异法"了，那么"陛下"你就有不"开张圣听"，不"光先帝遗德，恢弘志士之气"，"妄自菲薄，引喻失义，以塞忠谏之路"，"偏私"并且不"平明"的嫌疑。相信在看见诸葛丞相罗列了这么多不答应将会产生的罪状之后，刘禅大约是不敢不应的。这些话更像是一个上司在教训属下，哪里是一个臣子对皇帝说的话，然而却是出自诸葛亮这样一个被称为"一身唯谨慎"的"千古第一人臣"之口，难道不奇怪么？

只是诸葛亮觉得这样还不够，要刘禅将宫中事体交给他的幕府处理后，诸葛亮又举荐了将军向宠"为督"，掌管京师的近卫军，说只要"营中之事，悉以咨之，必能使行陈和睦，优劣得所"。此前执掌皇室保卫任务的近卫军头领是刘备的心腹赵云，刘备以赵云"严重，必能整齐，特任掌内事"，在进成都后将其升为翊军将军，翊，卫也，依然是刘备的头号保镖兼近卫军统领。而此刻诸葛亮将其带走出征，换成了自己保荐的向宠，虽然从另一方面来说是人尽其用，但是联系《出师表》的前后语义和当时形势，不能说没有一点其他目的在内。"若有作奸犯科及为忠善者，宜付有司论其刑赏，以昭陛下平明之理，不宜偏私，使内外异法。"此话又显有所指，只是到底是在说谁，现在却不得而知了，不过这也是拜诸葛公不设史官所赐。

说到不设史官，问题又来了。以诸葛亮的"达于为政"和其思维之周密，以及"杖二十以上亲决"的精细作风，应该是不会不知道不置史官之害的。"国不置史"这个举动所产生的最直接的后果，便是在蜀亡以后，即使是作为蜀汉著名史学家谯周弟子的陈寿，在当代人修当代史的情况下，奉命修编的《三国志》里也唯有《蜀书》因为"行事多遗，灾异靡书"，各类资料的严重匮乏，导致许多著名和重要的人物无法单独作传，最后仅仅只修了一卷便作罢了（《三国志·蜀书·后主传》："……又国不置史，注记无官，是以行事多遗，灾异靡书。诸葛亮虽达于为政，凡此之类，犹有未周焉。"）。倘若说在刘备时期是因蜀汉初建无暇顾及的话，那么在刘禅当政后这么长的时间内，政权稳固度应该已经大大地得到了提高，并且在拥有刘巴、秦宓、谯周、许靖等多名出色的文、史学人才情况下，作为自承汉朝正统的蜀汉朝廷依然"国不置史"，那就不太能以诸葛亮"犹有未周"这样简单的失误所能解释得通了，而是要从"行事多遗"这个角度去看，多少会令人疑惑其"国不置史"的目的何在。

诸葛亮除了对刘禅提出了这样一些不能不从的"建议"外，当然也不会忘记安排他北伐离开成都后朝中的人事问题。

> 侍中、侍郎郭攸之、费祎、董允等，此皆良实，志虑忠纯，是以先帝简拔以遗陛下。愚以为宫中之事，事无大小，悉以咨之，然后施行，必能裨补阙漏，有所广益。……亲贤臣，远小人，此先汉所以兴隆也；亲小人，远贤臣，此后汉所以倾颓也。先帝在时，每与臣论此

事，未尝不叹息痛恨于桓、灵也。侍中、尚书、长史、参军，此悉贞良死节之臣，愿陛下亲之信之，则汉室之隆，可计日而待也。（《三国志·蜀书·诸葛亮传》）

可以发现，诸葛亮提出在他离开成都后，要后主"事无大小，悉以咨之，然后施行"的人选，无一例外的全部是荆楚集团的骨干，东州和益州人士一个也没出现。尤其是李严，作为和诸葛亮并列、"统内外军事"、官拜尚书令的托孤重臣，在北伐这件关乎国计民生的军国大事上未能有一点说话的机会，在诸葛亮不在的情况下，理应是由他来主持朝政的，然而在诸葛亮这份要求北伐、安排北伐之后朝中主持工作人选的表章中，连提都没提他，不管从哪个角度而言，这都是不正常的。而诸葛亮所谓的"亲贤臣"，要刘禅亲信的郭攸之、费祎、董允、向宠等荆楚集团人士虽然的确都是贤臣，然换而言之，李严、费观、何宗、王谋（《三国志·蜀书·杨戏传》："王元泰名谋，汉嘉人也。有容止操行。刘璋时，为巴郡太守，还为州治中从事。先主定益州，领牧，以为别驾。先主为汉中王，用荆楚宿士零陵赖恭为太常，南阳黄柱为光禄勋，谋为少府；建兴初，赐爵关内侯，后代赖恭为太常。……后大将军蒋琬问张休曰：'汉嘉前辈有王元泰，今谁继者？'休对曰：'至于元泰，州里无继，况鄙郡乎！'其见重如此。"何彦英名宗，蜀郡郫人也。事广汉任安学，精究安术，与杜琼同师而名问过之。刘璋时，为犍为太守。先主定益州，领牧，辟为从事祭酒。后援引图、谶，劝先主即尊号。践阼之后，迁为大鸿胪。建兴中卒。）等人难道就不是贤臣了吗？而且他们或是托孤大臣或是位列九卿的官员，单就官阶论也要远高于这几位侍中、侍郎，不提他们于情于理都是说不过去的，因此诸葛亮这样做绝非是偶然的。

在诸葛亮的内心，他是始终将自己摆在一个凌驾于众人之上的位置的，一直以为蜀汉在他"无身之日，则未有能蹈涉中原、抗衡上国者"（《三国志·蜀书·诸葛亮传》）。同时相信他也很清楚刘备安排李严和他共同辅佐刘禅的目的，是利用李严来制衡。因此为了保证他对蜀汉政权的操控性，他是绝不会允许李严这样一个能在政治上对自己形成威胁的人，来进入权力中心和掌握军事实权的。所以他除了一直制止李严进入成都这个政治权力中心外，在开始北伐前又进一步地发动了削弱李严权力的实质性行动。

在前面说过，诸葛亮在北伐前并没有在军事上大展身手的机会，始终是在政治和外交上表现他的才华，刚刚结束的南征，由于对手是被视为蛮夷的少数民族，也并不能给他带来太多军事上的声誉。而在他发动北伐后，魏国"以蜀中唯有刘备。备既死，数岁寂然无声，是以略无备预"的反应，也说明了曹魏根本没有将他作为一个军事上的对手来考虑。因此诸葛亮发动北伐，固然有蜀汉政权在战略上的需要，但在面对李严这样一个在军事上有很强能力、两名托孤重臣之一的政治对手，以及朝中另一批对他并不心悦诚服的政治势力时，还有着其个人在政治上的强烈需要。

诸葛亮在发动北伐前，曾以北伐之后汉中会出现军事力量空虚的理由为名，向李严提出了要李严带驻扎在江州的部队前往汉中的要求。假设李严真的去了汉中，很明显他的军队就会被收编，成为由诸葛亮统帅的北伐军中的一支，而他也将成为诸葛亮帐下的一名将领，那么他这个被刘备定为"统内外军事"、与诸葛亮并列的托孤大臣，将就此彻彻底底地葬送与诸葛亮相提并论的地位和实力。李严很清楚此事的后果，于是以各种理由拒绝了诸葛亮的要求。而诸葛亮在对此事的处理上，就相对显得比较无力。因为江州是蜀汉东部与东吴、曹魏交界处的二线重镇，和面对北方曹魏势力的汉中地位相当，在这件事情上，诸葛亮无法提出令人信服的、一定要将李严与江州部队调到汉中的理由。

而富有政治经验的李严这个时候不但拒绝了诸葛亮这一要求，还借机发起了反击。他乘势提出将蜀汉东线的巴郡、巴东、巴西、江阳、涪陵等五郡组成巴州，并由他担任刺史。

早在建兴元年（223），诸葛亮就已经"开府治事。顷之，又领益州牧"，此后"政事无巨细，咸决于亮"。而作为仅次于诸葛亮的尚书令，又是两名托孤重臣之一的李严，却只被授了一个光禄勋的虚衔，并被弃于远离权力中心成都的江州，这样实际产生的后果，就是导致像北伐这样大的军事行动，完全没他这个被刘备遗命"统内外军事"的托孤大臣说话和发表意见的份儿。因此他以这样的举动明确表示了不满，并提出在政治上享受与诸葛亮"领益州牧"同等待遇的要求，要成为巴州刺史。刺史即州牧，一旦真的设置巴州并由李严任刺史，那等于将整个蜀汉东部都划进了李严的势力范围，而作为尚书令的李严，就可以与诸葛亮这个丞相兼益州牧在各个方面都平起平坐了。他的这一要求，按照他当时的身份和在蜀汉政权中的地位，应该说是正当的、并不过分的。只不过对诸葛亮而言，是不会允许这样的情况发生的，但此时他却又拿李严毫无办法，因此不得不将此事不了了之，只好暂不再提起将李严与江州部队调往汉中的事情。（《三国志·蜀书·李严传》："臣（诸葛亮）当北出，欲得平（李严）兵以镇汉中，平穷难纵横，无有来意，而求以五郡为巴州刺史。"）

李严第一次发出的对他被压制的抗议，使得蜀汉政权两个托孤大臣之间首次冒出了公开的、不和谐的声音，这也使诸葛亮进一步意识到他在蜀汉政权里的地位是受到威胁的，东州、益州集团的势力不可小觑。因此诸葛亮在《出师表》中表现出了那些耐人寻味的举动，以及对刘禅所说的如"郭攸之、费祎、董允等，此皆良实，志虑忠纯……愚以为宫中之事，事无大小，悉以咨之，然后施行，必能裨补阙漏，有所广益。……亲贤臣，远小人，此先汉所以兴隆也；亲小人，远贤臣，此后汉所以倾颓也"这些话的目的和指向，也就都有了合理的解释，同时也表现出当时蜀汉政权内部的权力斗争开始激烈起来。

建兴六年（228）春，这场由诸葛亮筹划已久的北伐终于开始，然而由于诸葛亮亲点的先锋马谡严重缺乏实战经验，所统帅的数路大军被"识变数，善处营陈，料战势地形，无不如计，自诸葛亮皆惮之"（《三国志·魏书·张郃传》）的曹魏五大名将之一的张郃，轻易于街亭一带先后击败，导致蜀汉政权的首次北伐不但整个无功而返，而且还遭受了一定的损失。

作为被诸葛亮亲自提拔为先锋大将的马谡，当时并没有像广为流传的那样去诸葛亮那里请罪，而是在军败之后选择了畏罪潜逃一途，后被缉捕归案，在诸葛亮判其死刑后，还没来得及执行，就于狱中病故。马谡潜逃案还牵连了与马谡关系很好的荆楚集团的另一骨干向朗（向宠的叔父），他因知情不报而被革职，此后优游无事达二十年之久（关于此事见拙作《诸葛亮没有杀马谡》一文）。可以这样说，首次北伐失利使荆楚集团和诸葛亮都开始面临刘备死后的最严重的打击和考验，而这次危机完全是源自于诸葛亮的刚愎自用。

在此次北伐先锋人选的问题上，诸葛亮充分表现出了他性格当中刚愎自用的一面。刘备临终前，或许是由于知道马氏兄弟与诸葛亮的亲密关系，因此曾特别提醒过诸葛亮：

> 马谡言过其实，不可大用，君其察之！（《三国志·蜀书·马谡传》）

然而在刘备去世以后，"亮犹谓不然，以谡为参军，每引见谈论，自昼达夜"。可见诸葛亮并没有把刘备的告诫当回事，说严重点，此举甚至可以说是"背主"行为。而诸葛亮的一意孤行，将魏延、吴壹等宿将弃之不用"违众拔谡"的举动，可以想见，也是会让这些人很不高兴的。（《三国志·蜀书·马良传》："臣松之以为良盖与亮结为兄弟，或相与有亲；亮年长，良故呼亮为尊兄耳。……良弟谡，字幼常，以荆州从事随先主入蜀，除绵竹成都令、越巂太守。才器过人，好论军计，丞相诸葛亮深加器异。先主临薨谓亮曰：'马谡言过其实，不可大用，君其察之！'亮犹谓不然，以谡为参军，每引见谈论，自昼达夜。……建兴六年，亮出军向祁山，时有宿将魏延、吴壹等，论者皆言以为宜令为先锋，而亮违众拔谡，统大众在前，与魏将张郃战于街亭，为郃所破，士卒离散。亮进无所据，退军还汉中。"）

如果北伐取得一定战果，这些问题自然是烟消云散不成其为问题的，然而此次北伐不但无功而返，还遭受了较大的损失，在这样的情况下，这些问题便显得格外严重起来。

首先，诸葛亮要遭受来自魏延、吴壹等这一干军队中实权派们的质问，为什么先帝明确说"马谡言过其实，不可大用，君其察之"，你还要违背先帝意旨，不用我们而"违众拔谡"？

其次，当然是来自朝中的政治对手李严等人的诘难。以李严等人为首的东州、益州集团，一直遭受以诸葛亮为首的荆楚集团的排挤打压，在这次北伐的整个过程中，身为"统内外军事"的托孤大臣李严甚至未能有一点点发表意见和起作用的机会，虽然他不至于会对这次完全由诸葛亮策划和指挥的北伐进行掣肘和为难，但对于这样一个难得的、有可能彻底打垮诸葛亮和荆楚集团的机会，李严等人显然不会轻易放过，必定会乘机大做文章。

面对如此严重的政治危机，诸葛亮一方面上表自贬："臣以弱才，叨窃非据，亲秉旄钺以厉三军，不能训章明法，临事而惧，至有街亭违命之阙，箕谷不戒之失，咎皆在臣授任无方。臣明不知人，恤事多暗，春秋责帅，臣职是当。请自贬三等，以督厥咎。"（《三国志·蜀书·诸葛亮传》）

然而他也知道仅仅是"授任无方""明不知人"这样的说法，是不可能摆脱李严甚至魏延、吴壹等人的责难的，因此另一方面诸葛亮还需要有一个人来承担这次由他全权指挥的北伐战役失败的责任，以便给自己一个脱身的机会，而这个机会显然就只能来自于马谡。于是其后果终于、也只能是"戮谡以谢众"，诸葛亮则自贬为右将军，但是依然"行丞相事，所总统如前"（《三国志·蜀书·诸葛亮传》）。马谡则做了他的替罪羊，成为这场政治和权力斗争中的牺牲品。

在此次事件中马谡被杀这个结果正是诸葛亮本人造成的。理由有四：

第一，诸葛亮背刘备遗命而"违众拔谡"，其罪在先。

第二，这次北伐是由他全权指挥的，虽然马谡在街亭有"违命之阙"，但而后的行动中却还有"箕谷不戒之失"，这个总不能也怪罪于马谡吧？因此追究起来还是他"授任无方""不能训章明法"，完全委过于马谡有失公允。

第三，马谡虽然"违亮节度，举动失宜，大为郃所破"，然而所谓"将在外，君命有所不受"，作为一个前线指挥官是有一定的自主能力的，即使战败也罪不至死。

第四，最后一点，实际上也是相当重要的一点，那就是诸葛亮从来都不像人们所称赞的那样执法公允而严明，他的执法严明是要看对象是谁和是否有政治需要，也绝对没有任何所谓的公允可言。

《三国志·蜀书·法正传》曰：

> 正为蜀郡太守、扬武将军，外统都畿，内为谋主。一餐之德，睚眦之怨，无不报复，擅杀毁伤己者数人。或谓诸葛亮曰："法正于蜀郡太纵横，将军宜启主公，抑其威福。"亮答曰："主公……当斯之时，进退狼跋，法孝直为之辅翼，令翻然翔翔，不可复制，如何禁止法正使不得行其意邪！"

法正在蜀郡作威作福，仅仅因为以前的睚眦之怨，就报复"擅杀毁伤己者数人"，而诸葛亮面对他人的举报和要求他去请求刘备劝阻法正滥杀无辜的建议时，却一口回绝，非但如此，他甚至进而还说既然法正能让刘备"翻然翱翔，不可复制"，那现在为什么要去阻止他快意恩仇呢？言下之意就是法正有那么大的功劳，正是大王面前的红人，他杀几个人算什么，连在他已经杀了数人后，去阻止他都是完全没必要的，因为那会让他不痛快。

这哪里是一个执法严明之人说出来的话，分明是一个惯于予取予夺之人的口吻。在这件事情上，诸葛亮的反应和处理方式，与他一贯被人推崇的所谓的"赏罚之信，足感神明"的风格和品质，存在极大的偏差。所谓的国法、军法要不要执行，纯粹是取决于被执行对象的重要性，以及是否有执法的政治需要，而不是在于对象事实上是不是有过失和犯罪行为。因此在马谡生死的这个问题上，诸葛亮要是有实现的可能，是完全有能力和权力让他不死的，并且他也绝不会去顾虑什么执法严明的形象问题，只要看看他对待法正"擅杀毁伤己者数人"这个事件的态度和处理方式，就可以知道得很清楚了。

作为一名与诸葛亮过往甚密，又长期处于权力中心、熟知蜀汉军政事宜和局势的谋士，马谡当然是知道他这一败在政治、军事上的后果的，也很清楚这样的结果将会给诸葛亮乃至整个荆楚集团带来的危害，同时他也深知诸葛亮的为人，相信这才是他畏罪潜逃的真正原因所在。因此在狱中他才会在给诸葛亮的信中这样写道："原深唯殛鲧兴禹之义，使平生之交不亏于此，谡虽死无恨于黄壤也。"（《三国志·蜀书·马良传》）。他援引"殛鲧兴禹"这个典故和使用"使平生之交不亏于此"这样的语句，一面表明了他自承有罪，另一面无疑也表明了他希望在目前自度不得幸免的形势下，能以他来承担罪责的这一举动，换取让诸葛亮躲过对手攻击，再继续主导蜀汉政权的局面。

这样一来，就可以更进一步地理解诸葛亮为什么不顾蒋琬等人的一再劝阻，甚至对劝阻他杀马谡的丞相参军李邈进行处罚，并坚持要杀马谡还唯恐杀不成的态度。其实，以诸葛亮和马良、马谡兄弟同为荆楚集团骨干的关系，平素又称兄道弟的亲密程度，倘若他真的是出于执法需要而无奈斩杀马谡，那应该对劝阻他杀马谡的人心怀感激才对，但事实上他对劝阻他杀马谡的人不但不感激，甚至可以说很厌恶，并不惜进行行政处罚：

> 马谡在前败绩，亮将杀之，邈谏以"秦赦孟明，用伯西戎，楚诛子玉，二世不竞"，失亮意，还蜀。（《三国志·蜀书·李邵传》）

这充分说明了他此刻非常需要马谡去死，不然就不会对劝阻杀马谡的人厌恶到如此地步。由此可见他一再坚持要将马谡处死，而在判决马谡死刑时却又"为之流涕"，马谡死后又"自临祭，待其遗孤若平生"的态度，绝不仅仅出自与马氏兄弟的深厚感情，还有着更深层次的政治原因在内，也正是这些原因导致他非杀马谡不可，而且还唯恐杀不成。

实际上，真正可以导致马谡被处死的罪状，乃是马谡畏罪潜逃一事。但奇怪的是，在诸葛亮请罪自贬的表章中，对此事却连一个字也没提起，而这，也正是诸葛亮的厉害之处。

此刻的诸葛亮，需要让马谡来承担北伐失败的主要责任。如果马谡是因为畏罪潜逃而被处死，那么在北伐失败的问题上，诸葛亮所要承担的责任就要更大一些。这样一来他对自己所做的处罚就会显得轻了很多，不足以化解由此带来的这场政治危机，因此他才对此一字不提。而这样做的结果乃是他成功地依靠马谡之死，暂时摆脱了这次可能危及他本人乃至整个荆楚集团在蜀汉政权中主导地位的危机。

诸葛亮的挥泪斩马谡，并非表明诸葛亮比孙武执法严明以及他具有高尚道德品质的例证。相反，如果联系他纵容、变相支持法正滥杀无辜的事例来看，正好表现了他刚愎自用而又老于政治手腕，作为一名权臣在政坛上善于翻手为云覆手为雨的一面。

诸葛亮虽然借马谡的人头，暂时成功地摆脱了这场军事和政治上的危机，但是他既没有取得军事上的成果，也没能在政治上进一步稳固自己的地位。更严重的是他非但没有证明自己在军事上的能力，还给李严以及像魏延、吴壹这样的军中宿将和在军事上有着多次成功记录的对手们，留下了质疑他军事能力的把柄。因此他这次北伐的目的全然没有达到，甚至在政治上还可以说是完全失败和大大地退了一步。

鉴于此，无论诸葛亮是出于蜀汉政权战略判断上得出的需要，还是出于他本人的政治需要，他都必须再次开始北伐来摆脱这样的局面。北伐虽然是诸葛亮主动发起的，但街亭之败却犹如启动了一辆连他自己也无法使其停止的战车，使得他不论是否愿意，都必须跟着而不是驾御着北伐这辆战车向前冲下去。他此后的政治生涯也因此和北伐紧紧地捆在了一起。不过诸葛亮确实是个出色的御手，虽然北伐战车已经停不下来，但是他依然可以操控其方向，因此在最后，他还是成功地达到了他人生里程中最辉煌的顶点。

建兴六年（228）冬天，二次北伐开始，蜀军围陈仓，但是由于军粮耗尽再次无功而返。

建兴七年（229），三次北伐开始，诸葛亮遣大将陈式攻魏之武都、阴平。魏雍州刺史郭淮率军迎战，诸葛亮出建威，郭淮退军，亮取二郡。至此，后主诏诸葛亮复丞相职。然而这数次北伐中，依旧不见李严等一干东州和益州集团骨干人士的踪影，相信李严他们对此肯定是会有意见的。

李严在诸葛亮北伐期间，也没有闲着，他积极地策反原蜀汉降将、曹魏的上庸守将孟达，在其中的一封信中曾以这样的语句来招降孟达："吾与孔明俱受寄托，忧深责重，思得良伴。"从这里可以知道，他一直以来对自己与诸葛亮并列为托孤大臣这一重要的政治地位，是时刻不忘的，也是时刻以此为己任的。但蜀汉前后三次北伐这样重大的行动，诸葛亮都没有一丝让他参与的做法，也是肯定让他十分不满的，因此他除了发出前面所说的"求以五郡置巴州"等表示不满的信号外，还以另一种方式对诸葛亮一直以来排挤他的举动展开了反击。

他在一次给诸葛亮的信中"劝亮宜受九锡，进爵称王"，这和孙权劝曹操称帝相仿佛，但又很难说清楚他是想把诸葛亮摆上众矢之的的位置，还是在嘲讽诸葛亮。总之不管怎么样，诸葛亮很清楚李严这一举动绝没安什么好心，因此明确表示自己不会上这个当：

吾本东方下士，误用于先帝，位极人臣，禄赐百亿，今讨贼未效，知己未答，而方宠齐、晋，坐自贵大，非其义也。若灭魏斩叡，帝还故居，与诸子并升，虽十命可受，况于九邪！（《三国志·蜀书·李严传》）

　　不过诸葛亮这话却有点前后矛盾，前面他说"吾本东方下士，误用于先帝，位极人臣，禄赐百亿"，似乎对目前位极人臣的状况已经心满意足，但后来话锋却急转直下，称王受九锡，就成了有着自己封"国"的诸侯，乃是那个时代人臣所能达到的巅峰，诸葛亮在回绝了这一不知道是有着什么居心的建议后，在结尾时又偏偏来上了一句"虽十命可受，况于九邪"，这话就与他前面表现的心满意足的态度产生了矛盾。

　　这样的话出自诸葛丞相之口，与他历来被说成"谨慎谦恭"的风格是极不相称的，但或者这才是他个性和思想的真实写照，他虽然拒绝了李严的建议，但却不自觉地流露出了他自傲的乃至于漠视刘禅的态度。陈寿对他的评语，有几句是相当中肯的：

　　亮之素志，进欲龙骧虎视，苞括四海，退欲跨陵边疆，震荡宇内。又自以为无身之日，则未有能蹈涉中原、抗衡上国者。（《三国志·蜀书·诸葛亮传》）

　　这几句，一说出了诸葛亮的生平抱负是"进欲龙骧虎视，苞括四海，退欲跨陵边疆，震荡宇内"，二说出了诸葛亮对自己的评价，表现出他自视极高、当世不做第二人想的态度，实际上诸葛亮的一生，都是围绕着这几句话而展开的。

建兴八年（230），魏大将军曹真三路攻蜀，诸葛亮拒之，随即准备第二年出军进行第四次北伐。这回他再次要求李严率军北上汉中受他节度，诸葛亮在后来列举李严罪状的表章中，对李严当时的反应是这样写的：

> 去年臣欲西征，欲令平主督汉中，平说司马懿等开府辟召。臣知平鄙情，欲因行之际逼臣取利也，是以表平子丰督主江州，隆崇其遇，以取一时之务。（《三国志·蜀书·李严传》）

李严这个时候说"司马懿等开府辟召"，显然正如诸葛亮所言的那样是"欲因行之际逼臣取利也"，而李严以司马懿等开府辟召为借口向诸葛亮逼利，也并不是随便拿来就用的借口，他对诸葛亮开府而他没能享受同等待遇一直是耿耿于怀的，此刻他看似随便地举了这么一件事情做例子来逼诸葛亮，事实上正是表达了他北上汉中的条件，是要得到他这个和诸葛亮并列的托孤重臣所应该享受的待遇，也就是要和诸葛亮一样，可以开府选拔官吏。

诸葛亮当然是不可能答应也不会允许发生这样的事情的，但他也明白，在面对曹魏势力强大的压力下，与李严这样长期僵持下去并不是什么好事。而李严和他二人，虽然在权力斗争中互不相让，但在对维持蜀汉政权生存的这一根本点上，却是绝对没有分歧的。因此他做出了妥协，"表严子丰为江州都督督军，典严后事"，继续把江州一带保留给李严；而相对他的妥协，李严也做出了对应的姿态——"将二万人赴汉中"，同时接受诸葛亮的任命，担任中都护署府事（《三国志·蜀书·李严传》），并将自己的名字由严改为平。按那时的解释，平字含义大致为行事有序、平定乱事，这相当符合当时的形势。

李严终于去了汉中，在刘备死后首次与诸葛亮共事，看上去似乎诸葛亮和李严二人就此握手言和了。

建兴九年（231）春，蜀军在诸葛亮的统帅下第四次北伐，兵出祁山与魏军对峙。然而诸葛亮这次依然运气不太好，在后来的一段时间内碰上了连续的暴雨天气，导致汉中的粮运不继。而后的整个事件就显得比较富有戏剧性了：

> 平遣参军狐忠、督军成籓喻指，呼亮来还；亮承以退军。平闻军退，乃更阳惊，说"军粮饶足，何以便归"！欲以解己不办之责，显亮不进之愆也。又表后主，说"军伪退，欲以诱贼与战"。亮具出其前后手笔书疏本末，平违错章灼。平辞穷情竭，首谢罪负。（《三国志·蜀书·李严传》）

之所以说这次的事件有戏剧性，是因为以李严这样一个极富政治经验和军事能力的人物，居然犯了如此低级的错误，仅仅由于暴雨而导致粮运不继，他就先让参军狐忠、督军成籓等一群人去前线以朝廷名义召诸葛亮撤军，然后上表后主说诸葛亮撤军是诱敌之计，而当他在汉中听说诸葛亮开始撤军时，却又假装吃惊地说"军粮饶足，何以便归"，种种互相矛盾的漏洞前后非一，导致最后"辞穷情竭，首谢罪负"。

不过这件事情，虽然因为蜀国"国不置史"和各种原因造成资料不足而不足以做出其他的解释，但从逻辑上来讲，以李严这样的人物，犯下这样的低级错误未免显得过于愚蠢了些。如果说他设计这个圈套的目的是在于"解己不办之责，显亮不进之愆"的话，那么他又焉能想不到他这一大堆公文全都捏在诸葛亮和后主的手中，"前后手笔书疏"都"违错章灼"历历在目，他这个目的显然是不可能得逞的。断粮退军在蜀汉北伐中并非首次出现，况且由于天降暴雨导致道路不畅的粮运不继，也并不会对他政治生涯造成极其严重的后果，在如此小的问题上去冒如此大的风险，而且还明显是把自己的把柄拱手送到对手和皇帝面前去让他们来处理自己，这样的错误和圈套也实在过于弱智了些。要是李严连这些都意识不到的话，那他这个跟头栽得一点都不冤，因为这完全不像是他这样一个拥有几十年军事、政治斗争经验的人所应该犯的错误。

不过，不管事情的真相到底是什么样子，李严最终被贬为平民，在与诸葛亮的权力斗争中败了下来，这标志着蜀汉政权中再没有可以威胁荆楚集团地位的势力存在，而诸葛亮也再找不到一个有足够分量和他分庭抗礼的对手，彻底地巩固了他的地位。在蜀汉政权中，甚至将皇帝包括在内，他也都是唯一掌握着蜀汉最强实权的第一人。诸葛亮当时在蜀汉政权内的威势，可以从诸葛亮的属官丞相参军、犍为太守李邈的奏章中稍见一斑。诸葛亮死后刘禅下令全国素服发哀三日，李邈不以为然地上疏道：

> 吕禄、霍、禹未必怀反叛之心，孝宣不好为杀臣之君，直以臣惧其逼，主畏其威，故奸萌生。亮身杖强兵，狼顾虎视，五大不在边，臣常危之。今亮殒殁，盖宗族得全，西戎静息，大小为庆。（《三国志·蜀书·李邵传》）

他这话说得非常有趣，诸葛亮在世期间，"臣常危之"，诸葛亮一死，他顿时觉得"宗族得全"，于是一家人"大小为庆"，因此上书劝谏刘禅不必太隆重地要全国都素服发哀三日，结果被刘禅砍了头。不过砍头归砍头，他的话却透露了不少有用的、值得重视的信息。

李邈以霍光等人做比喻，说诸葛亮虽然未必有反叛之心，但是权势太强，"身杖强兵，狼顾虎视"，以至于"主畏其威，故奸萌生"。这个恐怕正是他掉脑袋的原因，居然说刘禅因为诸葛亮手握重兵而怕了他，导致国内奸邪萌生，这叫后主刘禅的脸往哪儿搁。至于说几句诸葛亮的不是，那还不至于要到摘他脑袋的地步，因为刘禅和诸葛亮之间的关系并不是那么和谐的。据载：

> 亮初亡，所在各求为立庙，朝议以礼秩不听，百姓遂因时节私祭之于道陌上。言事者或以为可听立庙于成都者，后主不从。步兵校尉习隆、中书郎向充等共上表……于是始从之。（《三国志·蜀书·诸葛亮传》）

看看，连大臣们联名上表，要为诸葛亮这个刘禅的"相父"立庙，这刘禅都是再三阻挠，心不甘情不愿的，二人的关系从中当可略见一斑。

李邈说诸葛亮一死，他李邈才终于可以"宗族得全"，并且"西戎静息"，于是"大小为庆"，这说明他对北伐不以为然，是反对的。

从历史记载来看，像他这样态度的人，在蜀汉政权大小官吏中，是为数不少的。例如诸葛亮亲自点定的继任者蒋琬和费祎两人，对北伐就压根不感兴趣，并且还都一致地长期压制要求北伐的姜维，尤其是他的第一任继任者蒋琬，十数年内一次也没真正发动过北伐。所以有理由相信李邈的态度，代表了蜀汉政权内部一定数量的官吏的想法。这一点，从以下两则资料中也可以得到佐证，同时还可以从这些资料中发现其他一些问题，以及可以知道当时身处社会下层的许多百姓，对诸葛亮的北伐政策也是相当反感的，绝不像一些人所描绘的那样，是欢呼雀跃衷心拥护的。

　　丞相诸葛亮连年出军，调发诸郡，多不相救，义募取兵五千人诣亮，……蜀郡一都之会，户口众多，又亮卒之后，士伍亡命，更相重冒，奸巧非一。义到官，为之防禁，开喻劝导，数年之中，漏脱自出者万馀口。（《三国志·蜀书·吕乂传》）

　　孙休时，珝为五宫中郎将，遣至蜀求马。及还，休问蜀政得失，对曰："主暗而不知其过，臣下容身以求免罪，入其朝不闻正言，经其野民皆菜色。臣闻燕雀处堂，子母相乐，自以为安也，突决栋焚，而燕雀怡然不知祸之将及，其是之谓乎！"（《三国志·吴书·薛综传》）

这两则资料表明，由于诸葛亮连年出兵北伐，兵员不足，遂调各郡兵补充北伐部队，然而各郡大约是以各种借口而拒不发兵，形成了"多不相救"的局面。而在诸葛亮死后，军队中大量士兵和职业兵户更是纷纷逃亡，作为地方长官的吕乂，数年中仅在一个蜀郡就查出了万余名逃避兵役者。延续至蜀汉后期姜维北伐期间，蜀汉已经出现了"经其野民皆菜色"的景象。可见连年北伐对蜀汉经济造成的伤害之大，因此百姓们对北伐不支持是比较正常、毫不奇怪的，在任何一个时代，从根本上百姓们总是厌战和期望和平的。

另外一个问题，乃是诸葛亮作为一个法家思想的秉承者，对申韩之术习之精而用之果，史称其对官吏"用法峻严"，而且大权独揽，"政事无巨细，咸决于亮""杖二十以上亲决"。其负面效果就是直接导致蜀汉朝廷在一旦缺乏了像诸葛亮这样强势而又出色的政治人才以后，整个统治机构出现了"主暗而不知其过，臣下容身以求免罪，入其朝不闻正言"这种一片暗然的局面，经济上则是"经其野民皆菜色"，对这样的后果，诸葛亮这个蜀汉政权实际统治者、所有既定方针的制定者，应该承担不可推卸的责任。

必须承认，诸葛亮是一位出色的政治家，他对蜀汉皇朝的忠诚令人感叹，然而作为一个周旋于政治、军事舞台上的政客和权臣，他同时也不可避免地要受到这个特定的舞台上游戏规则的制约，因此他绝不是一个没有缺陷和没有污点的人。一个历史的人是不可能完美的。诸葛亮的人格和道德魅力以及政治、军事能力，在人们长期以来的盲目推崇中被放大乃至发展到最后的完美，大量一直存在的、可以说明问题的史料被视而不见，或者被斥为不可信的史料，这是不客观的。

一场海战，一个人，左右朝鲜四百年
——李舜臣与鸣梁海战

文 / 汗青

几个月前，我和公司拍档在谈公事及随意聊天的时候，几次提到过《鸣梁海战》这部电影，当时一是为其在韩国的高票房震惊，话题自然是一定要想办法去看这片；二是好奇这是一部什么样的片子，居然能达到如此高的票房，每三个韩国人中就有一个人去看了——这几乎等于每家不止一个人去看，无论男女老少。

随后得知中国是2014年12月上映，我就存了心。前几天上线后注意了下票房，周日的票房收入约400多万元，到目前（本文写作时）总计2000万元不到。

这个成绩，相对这部电影的声名，显然是不理想的。不过凡事都有合理处，仔细想想，就会发现这个成绩已经相当不俗了。既然说电影，就先讲题材和剧组阵容吧。

电影题材

对这场发生于明朝万历壬辰年（1592）的朝鲜复国战争，国内观众并不熟悉。可以说连在中国属于获取信息非常快而多的广大网民们，了解的人都不多，何况普通电影观众，更别提另一大主力票仓学生军了——90后很少有人知道。譬如我儿子和他的同学们就不怎么知道，最多是好像隐约历史课本上提过有这个事。且知道的人，大多是因为课本上的明军英雄邓子龙事迹，连带知道了朝鲜还有个李舜臣。而无论是中国古代史官还是近现代学术界，一直以来对这场战争的重视程度也不高。因为对古代中国来说，这只是在边远附属国发生的战事，远没当时万历和大臣们正在拧巴的立太子问题重要——也确实没这事重要。所以文献记载很少。

这也是我和马伯庸起意写《帝国最后的荣耀》一书的初衷——把400年前的那场抗日援朝之战写清楚，至少告诉大家在当时曾发生过些什么。

总结：这故事在中国没群众基础，观众不但对这个题材及人物缺乏认同感和共鸣，甚至连起码的好奇都缺乏——李舜臣？壬辰战争？关我啥事？人群的好奇心没了票房就很难高起来。

剧组阵容

导演金韩民的上部片子是《最强兵器：弓》，我记得当时击败了美国《蓝精灵》，夺得韩国票房冠军引起轰动。这也是我开始关注他的起点，还写了个长评《最强兵器：弓——电影和电影那些事儿》。这次挟大胜余威而来，题材依然是历史著名事件改编，无论什么角度看都没问题。但是！大部分中国观众不熟悉他。因为他的作品没在中国公映过。

主角李舜臣的扮演者崔岷植，在韩国是票房保证，顶级老戏骨。我看的他最近一部片子是《新世界》，对他扮演的那位不断压榨卧底主角的老警察又爱又恨，非常赞。可惜，中国普通观众对他完全没认知。在这个看脸的年代，老戏骨远不如年轻人，后者单靠帅出来刷个脸就能拉起票房。所以中国观众会买都教授的账，但不会买崔岷植的账——年纪大、不帅、不认识。

柳承龙是我最喜欢的韩国演员，没有之一。可惜，我的任性刷不了票房——主要原因还是大家不认识他。

至于其他譬如漂亮女主以及爱情什么的等可以拉票房的插曲更是一点都没有，纯粹的雄性主旋律电影。于是很多姑娘对此失去了兴趣。宣传发行没活动，没其他可以吸引媒体及观众的，中规中矩的惯例：预告片、新闻通稿。所以除非特别关注如我，不然没有人会去注意并且早早决定要看，或者特地去看，绝大部分人是路过，或者进了电影院看见：哦，这个看一下吧。

所以总结就是，我觉得目前这个成绩已经非常不错了。如果保持现在10%排片，不提前下线及大幅减排片的话，总票房估计应该有4000多万元吧——不过我估计会减排片，那就只能3000多万元了——刚去看了下，降到3%多点了（最终数据是不足3000万元）。

电影内容与历史事实

这是部历史题材片，有关历史上的鸣梁海战是怎么回事，我就夹在一起说了。下面会有不少剧透，但我可以保证，你看过之后再去看电影，一定比没看过直接去看电影强，强很多。

韩国人之所以选择拍这场海战，不拍李舜臣其他更有代表性的战役，在我看来，其实是经过深思熟虑的。

李舜臣的精彩事迹非常多，在此之前和之后都有。之前壬辰战争中的玉浦大捷、泗川大捷、唐浦大捷、唐项浦大捷、闲山岛和安骨浦大捷等（清一色全是大捷，就知道这是个一点没水分的真正狠角色。实际上他打的仗里，就没有一次不是大捷的，这个记录一直保持到他战死为止，可谓金身不破），到之后整个战争的终结大战露梁海战，每个都可以大写一笔。

选鸣梁，是因为之前的壬辰战争中的一系列战役，大都发生于祖承训率小股明军第一次入朝增援、中伏败退前后。当时全朝鲜陆军每战必然溃败，三个月内狂奔千里，整个李朝已经退到了鸭绿江边，而日军的小西行长和加藤清正两路军团正在朝鲜国土上进行长跑比赛，比谁能跑到前面，如入无人之境。

然而，李舜臣自五月玉浦出战，以手下板屋船二十四只、挟船十五只、四十六条鲍作船（侦察用小船），兵力不过两千出头。一个多月就击沉日舰一百多艘，自己损失微乎其微。当时日军海军约有七百多条正规战船、九千二百名士兵，被他一人报销了七分之一。九鬼嘉隆、藤堂高虎、胁坂安治、龟井兹矩、来岛通久这些在日本战国摸爬滚打出来的名将，面对李舜臣没有任何还手之力。

唐项浦大战，丰臣嫡系蜂须贺家的大将森村春被斩，跟他一起阵亡的家臣还有樫原牛之介、小森六大夫、粟田半七、渡部式部等，他们都是来自日本阿波水军的干将。

李舜臣的这一系列大捷，是当时朝鲜本土军队的唯一亮点，破坏了日军兵员补充和后勤补给，并且击破了日军水军配合陆军前出抢滩的企图，极大地延缓了日军整体进军速度，为李如松率明军二次入朝争取到了极为宝贵的时间。

没有李舜臣，朝鲜肯定亡国。他们绝对捱不到十二月李如松率明军入朝，朝鲜一定会全境沦陷，王室只能流亡明朝避难。接下来的战争，几乎一定是在中国东北爆发。

只不过这个时候的朝鲜水军舰船总数有数百只之多，只是不全在李舜臣手上而已。而且单就水军来说，局面很好，李忠武打得顺风顺水的，完全是一面倒的战斗。所以从拍电影这个角度，这些战役的压迫感和张力都不够大，因为完全就是对日本海军的碾压。

最麻烦的还不是这个问题，而在于当时的朝鲜李朝，正在积极向明朝求援，北京城里的朝鲜使者团正挨家挨户游说明朝大臣们支持出兵朝鲜。因此拍这个时期的李舜臣事迹，大背景的交代就会很尴尬，说朝鲜李朝快亡了，国王跑鸭绿江边了，甚至想到北京去当个官过安生日子，不要朝鲜这国家了，朝鲜整个送给明朝就好，让明朝去解决日本人？

做了几百年中国的附属国小弟，几百年来对中国事大，一直是近现代以来韩国的心病。略过不拍是明智的。

至于最后的露梁海大战，一来主角是陈璘统率的明军水师，甚至明军大将邓子龙还是因被朝鲜人误击座舰最终导致牺牲的。要拍就要大改，不太好弄。

而鸣梁大战，发生于明、日停战四年后的"丁酉再乱"刚开始阶段。摆在李舜臣面前的是一个无比糟糕的烂摊子，而且很快就面临更大的压迫——日军三百多只战舰挟漆川梁大胜的余威而来，我军却只有十二只船，怎么办？这个悬念实在太大太压迫了。再加上陆地上的十几万精锐日军正向汉城（今首尔）杀去，而明军的大部队还没赶到朝鲜，在汉城的朝鲜国王和大臣们一日三惊，随时准备组团撤向平壤，局面之恶劣简直无与伦比。

公元1597年，也就是明万历二十五年的正月十三日，"贱岳七本枪"之一的加藤清正率两百多只战船、一万陆军，从对马岛出发，于十四日抵达竹岛，与竹岛的日本留守部队汇合，从釜山东侧的机张登陆，当天前锋便攻陷了釜山以北的重镇梁山。

此年为丁酉年，故中国与朝鲜称之为"丁酉再乱"；日本则用天皇年号称为"庆长之役"。

此战的日本海军力量比之以前大为增强，陆军也不弱于"壬辰之役"，其兵力分配为：本土出军十二万一千一百人，加原驻朝鲜的日军两万零三百九十人，陆军共十四万一千四百九十人；水军两万两千人，水陆总兵力达十六万三千余人。日军这次不敢和壬辰年一样飚速度了，各大名的部队一直到七月二十七日才完全集结完毕。

对朝鲜来说，这是最终决战的开始。胜，日本人就回去了，朝鲜卫国成功，大功告成。败，估计明朝、日本会再一次坐下来和谈，而朝鲜的利益基本可以肯定会被牺牲掉。

所以对朝鲜来说，这又是一次生死存亡之秋。

而之前拥有几百艘战舰的朝鲜无敌水师，在七月十六日的漆川梁海战中，被"自沉大将军"元均（他在壬辰战争中凿沉了自己的百来只战舰，号称不能送给日本人……）彻底葬送了，全军覆灭。李舜臣的战友全罗道右水使李亿祺、忠清水使崔湖等人阵亡。这几位，就是影片中李舜臣出战前做梦时出现的那几个人。

当时整个朝鲜水师就只有提前脱逃的裴楔带领的十二艘板屋船。裴楔，就是影片里一开场和李舜臣叫板，后来烧毁龟船，在逃跑时被射死的那位。

李舜臣这个时候在做什么呢？电影开始说了，他正在白衣从军——这是好听话，难听的就是当大头兵服苦役。原因呢？因为党争。

壬辰战争之前，李朝有个叫"东人党"的小集团，在朝局上占优，而相对的"西人党"被压迫得很惨。战争爆发后，西人党在尹斗寿的率领下喘过了气，有了与东人党一较之力。与此同时，从东人党又分裂出去了一批人成了"北人党"，他们在领袖李山海的带领下，与西人党联合，准备把从东人党演变为"南人党"的重臣柳成龙斗下台。

在战争期间，李朝所有力量几乎都去为保障大明军粮而奋斗了，一时间顾不上党争。但一停战闲下来了，就出事了。下雨天打孩子——闲着也是闲着，就斗几个人吧。

李舜臣被罪事件，是由西人党的尹斗寿和北人党的李山海搞起来的，但其中还夹杂了俩日本人，那就是小西行长和加藤清正。这四方面（小西和加藤一贯不和，得算两方）联手，一起把李舜臣搞成了杀头的死罪。

朝鲜文献里说这是日本人的反间计，我和马伯庸则认为这其实就是北、西、倭三派的默契联手，大家先联合起来把李舜臣干掉。日本人兵不血刃地干掉了威胁最大的朝鲜将领，而西人、北人两党则可以乘机去斗李舜臣的靠山柳成龙，都从中获利。

为此，小西行长和加藤清正这两死对头不惜配合起来演了一出戏给朝鲜人看：让加藤清正去闲山岛海域的小岛住了几天，配以重兵埋伏，小西则密信给朝鲜人，说加藤清正在闲山海域，你们快去把他灭了。这是一箭双雕，李舜臣若来，就以优势兵力以逸待劳包饺子；不来，李舜臣就坐实了通敌放跑加藤清正这个罪名。总之，他来不来都是个死。

同时，西、北两党连水师继任者都准备好了，那就是——元均。

李舜臣一代名将，战场嗅觉无与伦比，无论谁说他就是不去，坚持认为这是个圈套，是假情报。国王下令都没用——军事正确、政治错误。最终结果当然只能是惹怒了国王，以通敌罪被判了死罪。然后姑念其功劳，免死，发去权慄军中服役。

最惨的是李舜臣母亲听说儿子出事，惊吓过度而病逝，母子两人连最后一面都没能见上。李舜臣在发配途中闻听后，悲痛欲绝，数次哭晕在地。

对此，我和马伯庸一致认为，无论小西还是加藤，他们都不很了解，甚至可以说完全不了解朝鲜的朝中政局。可如果不是对朝鲜政局与运作规律有深刻认识的话，绝不可能设计出如此精确打击的布局。所以能设计出这个局面的，唯有深谙党争之妙的朝鲜人自己。

从西人党在李舜臣事发前后搞的一连串小动作，我们能感觉得到，这些都不是独立的偶然事情，而是一个完整计划的一部分。它们绵密精致，陈陈相因，一步步改变李舜臣在李昖心中的地位，让这位复国英雄慢慢变成了一个桀骜不驯的节度使。小西密信只是一个引信，真正让李舜臣失势的，是国王李昖本身的猜忌。

因此，我们有充足的理由相信，此事很可能是西人党或北人党中的某个人甚至是某一派，主动与小西行长暗通款曲，指点他按方略行事。日本人需要李舜臣死，西人党、北人党也需要李舜臣死，于是两边一拍即合，炮制出这么一个截击加藤的阴谋来。

日本人要李舜臣死，这完全可以理解；而党人在日军大军压境的时候，仍旧乐此不疲地自毁长城，就不能不让人感慨朝鲜政局糜烂至何等地步。

在元均葬送了朝鲜全部水师之后的第十天，朝鲜国王和大臣们又腆着脸把李舜臣祭了出来，任"三道水军统制使"，所以电影里喊他"统制公"。可当他赶到丽水的时候，等待他的就只有十二条板屋船，这是朝鲜水师的全部家当了——这就是影片开始时那一系列镜头背后的故事。

从电影开始时七月下旬李舜臣复出，到九月中爆发的"鸣梁海战"，期间有两个月时间。

这期间，李舜臣并没有如电影里说的那样，去试图造几只龟船出来，但他确实在努力加强残余部队的火力，包括收罗残兵败将。至于兵员及训练，可以说朝鲜水师在他之前的长期操练下，几乎全是百战精兵，不缺素质和作战经验，他们现在需要的只是勇气和一个好统帅。其实李舜臣率领下的朝鲜水军，可以说是此次战争中朝鲜军唯一的亮点，是一朵十足的奇葩，是唯一一支让日本人闻风丧胆的朝鲜部队。

说到这里，想起网络上流传颇广的两个说法。其一，说朝鲜水师的火力很糟糕，朝鲜人只能造些铁管插火箭发射的玩意，压根没那么多火炮和火器，所以朝鲜水师的战绩当然是吹出来的。

对此，我只能说，但凡持这个说法的，一定是对壬辰战争史及明代中国、朝鲜、日本的火器和部队装备完全不了解，不然无法用这么自信的口吻说出这么无知的话来。

平壤一战后，朝鲜对明军精良的火器装备垂涎三尺，提出要"学习"。而明朝对这个小弟也是关爱有加，全无隐瞒，时任大明远征军副参谋总长的刘黄裳很慷慨地应承下来，答应替朝鲜人培训几千名炮兵。不但给各种武器，还帮培训操作人员。朝鲜的第一批学员是义州附近调集来的几百名士兵，开始学习操炮操火器技术。随后朝鲜又从大明引进了一批明朝制造的佛郎机大型火炮，而这些几乎都装备了水军，陆军装备很少——朝鲜陆军其实也没必要装备，因为实在太烂了，给也没用。

当李如松把日军打回釜山，协议停战撤军后，留在朝鲜的正是最精通火器、也是朝鲜人最爱戴的明军南军。如其中一位将领叫骆尚志的，就曾在战斗中一人手持两门火铳轮流发射，一发击毙日军五六人，因此被朝鲜人称为"骆千斤"。南军对朝鲜人是倾囊相授，毫无保留。日后还因此搞出了一场跨国版权官司——朝鲜人后来把南军传授的武艺编写成册，多年后其中一部剑谱又传回了明朝，结果朝鲜人说这是明朝人伪造的，他们那没这个东西。然后他们悄悄把剑谱改成了刀谱……你说他们这是图什么？我真搞不懂。

另外，朝鲜还秘密找到了明朝一位周姓火器专家，请去帮助他们研发火器。同时他们还从日本人那里偷技术。日本的铁炮，也就是火枪技术，当时堪称冠绝亚洲——在电影里，日军统帅来岛通总手下出现了一名美女狙击手，几次试图狙杀李舜臣以及升招摇旗的朝鲜军旗手，这是有所本的，不是没道理的胡编。同时，那个狙击手一身忍者打扮，这也是有道理的。因为在当时的日本，火枪狙击技术最好的，就是甲贺忍者的铁炮众以及伊贺的一部分忍者，他们中还有人试图狙击射杀织田信长，可惜距离太远，虽然动用了专门制造的铁炮，也依然没能成功。

再就是，那个忍者那样子和打扮简直太酷了！一定要注意看！我一直以为是个女的！后来回来查演员表才知道"她"是个男的！在朝鲜人手里，还有个日本降人，是加藤清正麾下一名叫做沙也可的将领。"沙也可"一般被认为是假名，他的真实姓名一直众说纷纭，有冈本越后守、阿苏宫越后守、原田信种等数种说法。其出身源流则可能是杂贺众、阿苏家臣等。杂贺众的铁炮技术在日本战国时期非常先进，在朝鲜仿制日本铁炮的过程中，他贡献良多，因此被朝鲜国王破例赐名为"金忠善"。

朝鲜对火器技术这种极度渴求的最大动力，其实就来自李舜臣。他是朝鲜最早注意到火器威力的将领，他凭着对海战的过人天赋及天才嗅觉，使他对火力的追求达到了狂热的地步。这导致他麾下水师，后来全都发展成为了重装火器舰，让日本水军吃尽了苦头。

在其日记中，如"余督令诸将一时驰突，射矢如雨、放各样铳筒""以片箭及大、中胜字铳筒如雨乱射""余促橹突进，乱放地、玄各样铳筒"等这样的记录不绝于书。

这里出现的"天、地、玄、黄、胜"五种火铳，实际是发射大型火箭的远程火器，也可以发射霰弹。目前出土的最大实物型号，约有两百多千克重。这东西在陆地野战时用处不大，多用于攻坚打击固定目标。但在海战中，因为目标是木制战船，一旦命中，其破坏尤其是对船员的杀伤，几乎等于无可避让，还能引火燃烧，因此是一件不错的武器。明军在陆战上也用这东西，戚金的战车部队就是发射这玩意的。平壤一战，日军为此付出了惨重的代价。而明军统帅李如松因为冲锋在前，误吸了一口此物的毒烟后就伤了肺，足足治疗了两月才好。

朝鲜这种火箭是明朝火箭的改进版，后来朝鲜人还在弹头加装了延时引信，使得火箭落地后才爆炸，也是很有意思的事。

《鸣梁海战》里，有专门描写这种武器的镜头和情节，在击毁冲向李舜臣旗舰的日军炸药船时，朝鲜军就使用了最大号的火铳发射火箭，不过没有命中日舰，李舜臣旗舰险些粉身碎骨。这其实也符合实际情况，这种武器需要密集覆盖才能实现杀伤，精确度确实是不够的。这点韩国人没有夸张。

除这种本土产发射火箭的火铳外，李舜臣还装备了大量明朝支援的佛郎机等中、大型火炮，史载其麾下龟船"船上张板，形穹窿状似龟，战士、漕手皆在船内，左右前后多载火炮、纵横如梭，遭遇贼船则齐放大炮击碎之。"其实在万历二十二年（1594），朝鲜备边司就已明确说了："今者亦当乘此冬月，汲汲修整船只器械，厚积水军之势。龟船不足则昼夜加造，多载大炮、佛狼机、火箭器具，以为遮截海道之计。此乃最为救急之良策也。"所以他的龟船上是加载了大量大型火炮的。

李舜臣部队中，甚至还有来自明朝南方的操炮手，他在日记中曾说他那里有位浙江炮手叫王敬得者，粗解文字，但对话却不能尽解，深为叹息。

而日军恰恰就极度缺乏火炮这种大火力。这种情况一直持续到整个战争结束都没有改观。被中朝两军用各种口径火炮打得跟狗一样，还坚持不普及火炮，坚持用火枪作战，日本人的固执程度，其实也蛮奇葩的。

我们在写《帝国最后的荣耀》时查阅到一些资料，如果知道日本人有多少火炮，就知道为什么电影里的日军水师，一直坚持使用火枪和冷兵器与朝鲜人的大炮作战了。日本人对火炮的叫法很多，有大筒、石火矢、国崩等，其形制也不尽相同。但无论怎么，当时日本的大型火炮技术……是比较烂的，使用较多的是松树炮那样的东西，这也难怪他们自己都不待见。

在明军和日军协议停战后，李舜臣这个火器狂甚至又成立了一个技术小组，开始研究起日本铁炮来了。在他和技术小组的努力下，于万历二十一年（1593）开发出了一种叫做"正铁铳筒"的鸟铳。这种武器脱胎于日本铁炮，性能相当精良，连明军试用之后都啧啧称赞。可惜因制造不易，只装备于他的部分部队中，没能大规模普及到其他部队和陆军。

因此，朝鲜水师，尤其是李舜臣的水师，火力是十分强大的，远胜日军任何军种，在火力上对日军就是碾压，电影里的火器装备情况一点不夸张。但是，《鸣梁海战》里的火器用法、战法和威力实在是太大了点也太离谱了点。

电影一开始出现的几位朝鲜将领和官员,如李舜臣那位战死的老战友李亿祺之弟李亿秋、金使金应诚、鹿岛万户宋汝棕、平山浦代将丁应斗、巨济县令安卫,这些都是真实历史人物,也都参加了鸣梁海战。还有那位日本降人俊沙,也是真实历史人物,而且很受李舜臣的重视,在其私人日记里曾特意提及他的功绩和作用。

至于那位起了重要作用的朝鲜军侦探任俊永,我没有太大印象,很可能是艺术虚构形象。如果这样,他的哑巴妻子自然也是艺术虚构的形象,不过倒是塑造得很成功。

从七月底到九月中,李舜臣除了恢复舰队建设外,就率领舰队往返于碧波亭和务安等处,进行警戒和侦察,以防止日军从水路向仁川及汉城方向突袭。

而日军方面,如电影里一上来表现的那样,其内部派系林立,并不团结,互相掣肘的情况非常严重。

之所以这样,是因为当时的日本水军,主要由两派人马组成。一派是早先秀吉收编的海贼系人马,如九鬼嘉隆(他没参加"丁酉再乱",因此电影里没出现)出身熊野水军,来岛通总出身于村上水军,他们都是日本著名的海贼世家;而另一派,则是秀吉在征战天下时派亲信组建的新水军,胁坂安治和加藤嘉明就是其中的代表人物。

此次的水军总大将藤堂高虎是个新贵,是秀吉手下得宠的外样大名。此人作战非常勇猛。但是,他和胁坂安治、加藤嘉明,并不融洽。此前的漆川梁大捷,他和加藤就因争功发生了冲突。不过,秀吉还是偏向了他,最后命藤堂高虎总督天下海船之政,赐了桐花徽号。同样，他和来岛通总也一样不和。

说到这里，我说下电影里的铠甲形制。电影里藤堂的那身铠甲，其实不是他最经典的，他最有名的那身铠甲形制非常有意思，尤其是头盔上的前立，简直快和一个人差不多长了……不管怎么说，这部电影的道具制作非常精良，艺术加工也恰到好处。如朝鲜军李舜臣的铠甲，除了肩膀胸前那几条龙实在有点夸张外，其他都还是比较写实的，尤其是头盔形制和前面的那个啄，真是非常赞，非常接近李朝的东西。至于其他将领的铠甲，也还算比较吻合当时的情况。

其实当时的朝鲜铁甲，和明朝是差不多的形制。还有人说像清的，其实那会儿还没有清呢，努尔哈赤还是明朝的官员，正因申请率部入朝与日军作战被拒在家郁闷，他家的东西就是以明朝制式为基础发展出来的。电影里有几场士兵全是完整一身铁甲，这个太过了，这是将领级别的装备。史料记载当时朝鲜水军士兵，主要是用皮甲和棉甲，他们没那么好的装备。不过从电影的视觉效果看，铁甲当然比皮甲、棉甲要好很多。

从电影开始，就不断地出现朝鲜军用弓箭的镜头和情节，几乎所有士兵和将领都能很娴熟地使用，这也非常符合当时的现状。因为朝鲜在那个时候最著名的，就是他们的弓射手。导演上部片子《最强兵器：弓》又恰恰是这个题材的，现在更是轻车熟路，当然要多用了。而日军除了铁炮就是日本刀，这也非常吻合当时的情况。

两军特点鲜明，对比强烈，很出彩的一个强调。

不过我看见有人吐槽说电影里射杀裴楔的那幕太假了，这么远的距离，怎么可能一箭射杀？

我想说的是，这也就一百来米远，真不算远。我给大家看个现代韩国传统弓的远距项目——145米的射道是什么样的，箭从发出到命中，大概要飞行两秒多时间。还有，在2008年的一次弓道大会上，只有一尺高的80米远的地靶，四名蒙古选手第一轮射，就是三人命中。其实说话之前查一查历届奥运会的射箭项目、名次、记录，再看看全部20项世界室外射箭记录是被哪个国家选手全部拥有的，肯定会自动闭嘴，压根不会发出这种言论。也不知道他们都哪来这些胡说八道的底气，还言之凿凿。

接下来继续说日本人。电影一开始，日军就占了不小的篇幅。

首先不得不说一下柳承龙扮演的来岛通总，其杀气和气场都非常之足。其实在我看来，他演李舜臣效果会更好。可惜他是金导演的御用反一号，只能这样了。

从四位出云守来岛通总的出场，很有个性，他那先声夺人的前导部队也很有特色，一看就有别于其他日军，有拿锁镰的，有用铁炮的，有用日本弓的。从打扮和武器上可以知道，这些人都是忍者。这非常符合来岛的身份。因为忍者其实是从野武士发展而来的，而来岛则出身于濑户内海的海贼世家。其他三名日军将领的侍卫全是武士，来岛与三人在作战室冲突的那场戏里，我们可以很清晰地发现这一点。

就这一下，瞬间把日军内部两派的出身和阶层，给区分得清清楚楚。导演这个设计非常合理，真可谓用心良苦，小细节处见大功夫。

在壬辰之战中，来岛通总一直随第五军团在内陆打仗，他的兄长得居通幸，也就是来岛通久，则因水战才能被分到九鬼麾下。一般认为来岛通久这位风早郡三千石的小大名，在李舜臣指挥的唐浦大捷中被斩。他原本号称日本海军第二人，排名仅在水军总大将九鬼嘉隆之下。

在电影里，也许是因为删节（据说全片被剪掉了20多分钟），也许是因为导演认为这在韩国是件大家都必然知道的事，并没有对此进行交代，这导致很多观众搞不明白为什么来岛通总那么恨李舜臣。

历史上的来岛通久和胁坂安治两人，因出身关系，是一直互相看不顺眼的。这种关系在电影里被很好地延续了下来，来岛通总一上来也和胁坂、加藤两人不和；新任海军总大将藤堂高虎，则想利用胁坂、加藤两人制衡来岛。正是这些问题，最终导致了在后来的大战中，胁坂、加藤、藤堂三股日军在很长一段时间内作壁上观，想看来岛的笑话，一直到来岛舰队被李舜臣歼灭，他们再想去救援却已经来不及了。这些人物关系和情节的设计，都很符合逻辑，也很符合历史真实。

朝鲜方面也有不安定因素。那就是在电影里因怯战而放火烧毁龟船的裴楔。在历史上，他没有在战前送命，而是在战斗爆发后，因临阵不前被李舜臣下令斩杀。电影中，导演不断通过李舜臣儿子之嘴，一再强调这一战的关键在于如何利用"恐惧"，不但要利用日军对李舜臣的恐惧，也要用对死亡的恐惧去激励士兵，因为这个时候的朝鲜军，确实太缺乏斗志了。这也是有依据的，依据来自李舜臣日记。

片中李舜臣在大战前疏散前来避难的朝鲜渔船和百姓，以及朝鲜百姓对水师的支持，历史上都实有其事，且有详细记载，包括百姓们后来在山上的呼喊等情节，都有史料文献记载的。而且在战斗后期，朝鲜平民和渔船也确实参与了收拾残局。

在战斗开始前，还有个情节是李舜臣派人去向都元帅权慄求援，要求权慄不要调他的部队去参与陆战，并要求增派人手和给予辎重补给，结果被权慄拒绝不说，还把使者关进了监狱。这个情节是导演虚构的，但也非常符合逻辑及人物关系。

朝鲜朝政，门阀豪强的贵族派和平民派之间的界限十分清晰，且门阀派是一直在压制打击平民派的。权慄，就是门阀世家的代表人物之一。李舜臣虽然不是如红袍帅（壬辰战争中朝鲜义军首领之一——郭再佑）那样的农民军草根，却也不属门阀派，也一直因此而被打压。影片里的这一幕，非常简洁强劲地表现出了当时这种令人不齿的风气和格局，虽然权慄也是此次战争中的英雄人物，但不妨碍他代表门阀利益以及带着浓郁的门阀习气。

在这一幕里，令人注目的是出现了一位僧兵领袖。后来他率领一批僧人加入李舜臣部队，参加了战斗。这在朝鲜历史上，也是真实存在的情况。在壬辰战争中，朝鲜的僧兵是战斗力非常强的部队，他们的战斗力远过于朝鲜正规军。李如松攻打平壤时唯一一支能和明军并肩作战并发挥作用的朝鲜部队，就是休静大师率领的朝鲜僧兵团。

朝鲜和尚僧兵，和我国的少林和尚僧兵以及日本的本愿寺和尚僧兵，都属于战斗技能MAX的乱世煞神。

就在鸣梁海战爆发的前不久，明军总督杨镐快马抵达平壤，强令朝鲜国王不许后退。同时明军最高军事指挥官麻贵，派他麾下的宣大骑兵精锐，以大将解生为首，经过九月七日和八日的两天激战，在稷山大败日军黑田长政所部，日军陆上攻势已经停止。汉城警报解除。

但在电影里，这事一点没提，李舜臣出兵的目的，依然是解除日军水师配合陆军合围汉城的企图。这么设计，当然能极大提高紧张程度，但却并不符合历史。不过，从电影角度看，这一改是很成功的。

战斗终于开始了。

整个作战过程，基本是完全按照史料记载来拍的，除了杀敌肉搏的情节外，很贴近史实。

该介绍一下朝鲜和日本双方的战船情况了。

当时的朝鲜战船，和明军的比较一致，普遍比日本的大，大型战船如龟船、板屋船通常都长约30多米，宽10米左右，是一种较宽的船型。日军的安宅船，大小形制也大致相仿，但一般来说要比朝鲜的略小并矮一些。有个别大号的大安宅，据说长达50多米。而片中的日军战船形制，则是按日本古代海战相关的博物馆和专家提供的资料和意见建造的模型，仿真度和还原度也相当高。

其实，写到这里，要讲一下广为流传的有关李舜臣评价的一种说法：那就是李舜臣其实不怎么地，他的战绩没什么大不了的。因为他指挥的部队船不大，几次战役也没对世界或者整个战争造成什么巨大影响，所以要算名将他还不够资格，更别说排名了。这种观点，可以说大错特错。

在这我必须先引用一下知乎（一家社交网站）一位匿名用户

说的几句话："可民族主义这味毒药总是让人失智，我们可以赞美周郎谈笑间樯橹灰飞烟灭，却容不下李舜臣鸣梁以弱胜强。自以为是，目中无人，满脑子星辰大海。"

还有些人，言必称罗马希腊欧洲，这也没问题，我一点不反对在世界范围内做比较和举例。不过，比较的标准要说清楚。

自大航海以来，世界海军史基本就是欧洲人的事，原因很简单，因为东方没这个需求。航海王子（葡萄牙王子亨利）为什么要航海，我想不用我再讲课了吧。古代史里中国最猛的海军，大概就是昙花一现的郑和舰队了，以大小论英雄的话，他的宝船是当时世界上最大的战舰，整个舰队四万多人，还带着骑兵，现在的航母特混舰队也就这样了。问题在于中国皇朝和政治都不需要这种舰队，所以很快就湮没了。论规模，宋朝舰队和蒙古舰队的崖山海战，双方兵员规模都以十万为单位，船只以百、千为单位，张弘范这一战灭了东方最大的帝国，那岂非成了不世出的"绝代"名将了？

李舜臣在整个朝日战争中，大小数十战，无一次败绩。只说大战：玉浦大捷、泗川大捷、唐浦大捷、唐项浦大捷、闲山岛和安骨浦大捷、鸣梁大捷、露梁决战，每次均击破击沉日军舰船数十艘，而己方舰船伤亡几乎均为零，甚至有时没有受伤士兵，或受伤者只有一人。

玉浦大捷，李舜臣板屋船24只、挟船15只，还有46只是侦察用的小船，号称75艘，实际能战斗的只有大中战舰39艘。日军50多艘战舰。此战击破俘虏日军44艘战船，毙杀日军1000多，朝鲜战船无伤亡，士兵受伤1人。

泗川大捷，23艘龟船对日军12艘大楼船，日军舰队全灭。朝鲜战船无伤亡。

唐浦大捷，朝鲜26艘对日本21艘，大部日军战船被击毁，死伤2800人以上。朝鲜战船无伤亡。

唐项浦大捷，朝鲜51艘对日本33艘，日军舰队全灭，海军第二号战将来岛通久被斩。朝鲜战船无伤亡。

闲山岛、安骨浦大捷，朝鲜56艘对日军133艘，两次战斗日军合计被击破63～66艘，舰队三位指挥官中，胁坂左兵卫、渡边七卫门两人被杀。另外一位高级武士真锅左马允切腹。朝鲜士兵战死19人，受伤400余人——这是数据偏多的记载，少的只有受伤100多人。此两战成为壬辰之战的转折点，日军的海上运输和进攻能力被彻底遏制，转为全防御状态。这直接导致了日本陆军放缓攻势，为明军入朝增援争取到了足够的时间，也挽救了朝鲜，使朝鲜最终没有全境沦陷而亡国。

鸣梁大捷，朝鲜13艘对日军330艘，少的记载是130艘，多的是500多艘。总之，日军最少十倍于朝鲜军。结果日军被击沉30余艘，大名来岛通总被朝鲜军跳帮突袭斩首，日军全军败退。朝鲜军战舰无一伤亡。

可研究的文献非常多，专门研究这些的朝、日历史学者也多如牛毛，这是他们两个国家历史上的重要转折点，一个差点亡国灭种，一个是丰臣政权因此倒台，开始转入闭关锁国的幕府时代。人家比我们看重得多，那么多学者整了几十年了，这种大关节上轮不到谁再来发现重大史学新成果。这方面的史料，多到可以凭这些资料互相印证，从而列出每个伤亡人员包括士兵的姓名、岗位、因什么伤受伤、因什么原因战死的。

现在，给我找几个拥有同样战绩的将领出来吧。或者也可以这样问，一直保持这种敌我战损比的战绩，古代海军将领里，能找出几位？我这还只是李舜臣指挥的大战斗，真要大大小小都列全了，名单比这长得多。

还有人用战舰的大小来说事的。双方都30米大小的战舰、以12艘对敌军330艘、大破敌军并击沉30艘、我军舰船无一伤亡的战绩，就一定比指挥50米长战船，双方各两三百艘的战绩差？还不说李舜臣又不是没有指挥百艘以上大舰队进行大战役的记录。

所以我就实在不知道这是怎么得出来的结论。大家都是木制船只，都是人力加风力的动力，远程武器都是火炮+火枪，近战都是接舷跳帮白刃战，都是多层楼船——作战方式一样，装备和科技没有代差，搁海上去作战，两者差异在哪里？就因为别人战舰的大点人装得多，于是李舜臣就排不到名将行列里去了？就排几百名之外去了？

郑和绝对是中古时代世界海军第一名将。没有再比他更庞大的战舰和舰队了，也没有比他的舰队兵种更复杂和齐全的了，连成建制骑兵部队都随身携带的特混舰队，一战灭人国，抓了人家国王押回北京审判，这事还有谁家有，这该怎么比，我很想知道。不服来战。

在中古时代这种舰船没有出现代差的海战里，仅仅这种程度的战船大小差异，根本无法构成战斗和指挥官素质在本质上的差异。

除非战舰科技和结构都出现代差，通信方式也同时出现代差，才会需要指挥官在指挥能力上出现本质差异。譬如纯冷兵器战舰和火器战舰的差异，木制人力风力战舰和蒸汽铁甲舰的差异。

民族主义这味毒药总是让人失智，使人容不下李舜臣鸣梁的以弱胜强。战斗开始，确实如电影里拍的那样，朝鲜军全部战船，都躲在后面老远。李舜臣是怎么说的呢？他说金亿秋退在渺然之地，诸将船则退在远海，观望不进。

李舜臣很清楚日军对他畏惧之极，所以他不能退，一退日军的恐惧心就没了，那这仗就彻底完蛋了。于是他只能单船与日军作战，电影里和史料记载一样，他先冲进去，再杀出来，周围一直被日军战船团团围住攻杀。

电影里李舜臣座舰后来寡不敌众，最后被日军接舷跳帮成功，双方开始了白刃战。细心的观众可能会提出一个问题，就是朝鲜刀和日本刀为什么这么像？

确实像。实际上，你们认为是一种刀也无不可。在那个时期，中国和朝鲜的军队，都在向日本刀学习，相当部分战刀的形制，和日本刀非常像。朝鲜的尤其像。

不过，区别还是有的，主要还是在造法、刀姿以及刀装上。造法上，日本刀一般都是镐造，有条镐线，朝鲜刀有的有，有的没有，相当部分是平造。再就是刀姿，这事就没法说了，因为这是个纯粹的经验问题，所以知道两者一看就是不一样的就可以了。至于刀装，差异比较大的是镡，朝鲜刀大量是圆镡，工艺和造型都和日本镡有很大差异。

还有就是刀身上的雕刻了。日本刀有雕刻多是凸面浮雕，朝鲜刀则几乎全是线条阴刻，所以只要看见刀身雕刻是线条阴刻、没有镐线的平造刀，基本就可以肯定是朝鲜刀，不是日本刀。

当李舜臣杀出来后，早潮开始退潮，鸣梁海峡水流变得湍急，日军开始处于逆流。电影从这个时候开始了一系列的作弊，总之，各种花样作弊，最终击破了包围李舜臣的日军战船。但从电影角度看，这一系列作弊情节都设计很好，让人很紧张，搞得很成功。

历史上李舜臣，从来没这么狼狈过，他一直都以速度快火力猛著称，日军的战船根本近不了他身，几乎全在近身前就被他击破、击沉了……

再就是电影里不断出现日军战船被朝鲜战船撞翻的情节，这也是真实的。据李舜臣的日记记载，相当多日军战舰是在战斗中被李舜臣舰队撞翻、撞沉的。因为日军战船是倒T形底，朝鲜船是U形底，稳定性和结构都有差距。

战斗中还出现了一个巨大的作弊，那就是日军用火船来撞的时候，船上那位朝鲜侦探临死的嘀咕，在岸边他的哑巴妻子居然能知道……这是连人都快看不清楚的距离……怎么知道……然后哑巴妻子还按照他的嘀咕开始挥舞衣服，然后其他百姓隔老远也看懂了也开始挥舞衣服，最后导致安卫赶来救援成功。这个金手指开得实在太大了，看着很过瘾，但真不好接受。

日本人从狙击到围攻到撞船到跳帮肉搏，总之各种伎俩全都失败之后，由柳承龙扮演的来岛通总，终于按捺不住，提刀亲自杀了上来。

这里的情节，基本是按照李舜臣的私人笔记拍的。按日记，那位日本降人俊沙向李舜臣报告，说这是日军大将来岛，于是李舜臣下令实施斩首行动，来岛就很不幸地被突袭了。在朝鲜军猛烈的火炮攻击下，很快来岛的旗舰就支持不住，然后被李舜臣部队跳帮成功，他被围殴斩了首。

电影里大节上一样，但细节和情节就很不一样，譬如最后来岛的死，譬如来岛的冲锋等，都很有意思。

和平骗子沈惟敬

文 / 马伯庸　汗青

战与和

对于朝鲜国王李昖来说，壬辰年（1592年）的七月，他过得非常郁闷。

他先连续接到了两个好消息。一个是七月八日发生的梨峙之战，一个名不见经传的小军官权慄在全罗道的梨峙伏击了日军第六军团，把安国寺惠琼打败，逼退了小早川隆景。然后就是七月八日至十日发生的闲山岛、安骨浦海战，李舜臣把日本水军杀得人仰马翻。

两个好消息让朝廷一片乐观情绪，他们一直催促明军进击，部分原因也是被这些胜仗所鼓舞。

很快李昖就笑不出来了，因为他又接到了两个坏消息。

第一个坏消息，是七月十七日祖承训率领的明军在进攻平壤城时遭遇伏击，大败而归，很快撤回国内。另外一个坏消息，则来自于咸镜道。

几乎在平壤之战的同时，在遥远的咸镜道也爆发了一场决战。决战的攻方是一路向北突击的加藤清正第二兵团，守方是咸镜道兵使韩克诚与他的六镇骑兵。

小西行长在平壤休息的时候，加藤清正丝毫没有放松。他一路突飞猛进，沿着咸镜道往北打，一路打垮了无数朝鲜守军，捉了无数高级官员。第二军团一直打到吉州附近，终于遭遇了朝鲜最精锐的咸镜骑兵。

七月十八日，双方在吉州海汀仓附近发生正面碰撞。朝鲜骑兵强攻了一阵，死伤惨重，遂暂时退军。加藤清正不顾疲劳，身率主力趁夜偷袭，韩克诚大败。他这一败不要紧，日军趁机占领镜城，令咸镜北道门户大开，然后在七月二十三日抵达会宁。

无巧不巧，会宁城这时出了一个大朝奸鞠景仁，他主动打开城门，送了加藤清正两份厚礼：临海君与顺和君两位朝鲜王子。

会宁已经是朝鲜的最北边，会宁过去是图们江，过了江便是名义上的大明领土了。加藤清正打的主意，正是要入侵大明，建立比小西行长更瞩目的功勋。

这两个消息让李昖坐卧不安，他失去了对局势的冷静判断。他在慌乱之中，忽然想到了黄应旸之前两次来访时说的话："要打倭寇，还得靠我们浙兵才行！"

这句话给李昖带来了新的勇气，他派了能说会道的洪秀彦再次前往九连城，请求杨绍勋禀明朝廷，调派南方炮手前来支援。对此，杨绍勋的回答是："你们甭担心了。后续来援的兵马已经到了。"

此时大明的第二拨儿援军已经在路上了。具体的部署是：辽东游击张奇功率领一千人进驻义州，五百人留守九连城，马头山江沿台、汤站、凤凰城、宽奠等中朝边境要镇，也进驻了四千五百人。另外，朝鲜人盼望已久的南兵炮手，大明派遣了三千人，都是戚继光一手带出来的精锐部队，由戚家军老部下吴惟忠、骆尚志带领。前锋五百人已经抵达了汤站。

这一拨儿援军，先期抵达者六千人，而总数则达到了九千人，一时声势无比煊赫。

朝鲜君臣对辽东兵已经失望了，只盼望着南兵炮手过来。骆尚志的南兵抵达汤站以后，尹斗寿和当初与黄应旸关系最好的李幼澄特意跑过去看了，说南军个个都扛着鸟铳，装备比日本先进，精神面貌比辽东兵、蓟州兵都好。

让朝鲜君臣郁闷的是，包括三千南兵炮手在内的第二拨儿部队，走到鸭绿江畔就不动了。无论怎么催促恳请，明军就是不挪地方。

其实只要朝鲜君臣心思细致点，就能从明军抵达时间里琢磨出隐藏的味道。

祖承训兵败平壤城是在七月十七日，朝鲜人正式提出请大明南兵是在七月二十七日。洪秀彦去找杨绍勋求援是在七月三十日，这个时候杨绍勋居然已经给了一个明确的援军兵力部署计划，甚至连朝鲜人要求的南兵都准备好了。

三天时间，要完成这样一个重大决策并付诸执行，而且涉及的部队还隶属于不同的防区，这是绝对不可能的。事实上，这些部队早在六月二十日便已经在蓟州集结完毕，也就是在祖承训入朝后不久，他们已经从蓟州防区开拔，朝着鸭绿江开来。

难道石星是个未卜先知的活神仙，事先料定祖承训必败，这才伏有后手？

仔细研究这两拨儿援军的先后抵达时间，相当有节奏感。祖承训六月十五日渡江，进抵平壤又败退回来；他前脚刚返回辽东，后脚明军第二拨儿援军张奇功、骆尚志部就到了鸭绿江，时间大约是七月三十日。

这说明决策者在制订计划的时候，充分考虑到了各种情况——祖承训进入朝鲜后，按最糟糕的局势估计，最快也要一个半月时间才能败退回辽东。因此第二拨儿援军的出发日期，就是踩着这个时间点来算，两者衔接得非常紧密——这样一来，即使祖承训败退，后军也可以及时进驻到鸭绿江畔，摆出随时入朝的态势，保护李朝王室安全。

第二拨儿援军的兵力来自辽东、宣大两个军区，只有北京兵部才有资格作出这种部署。而石星自己绝没有这种魄力，他的上司赵志皋也没有，唯一可以这么干、敢这么干的，只有万历皇帝本人。这说明万历早就处心积虑，要在朝鲜的土地上把战争打下去。

可是，既然已经决心开战，为何明军要停在鸭绿江畔不肯前进呢？

有两个原因让大明暂时不能全力出手。

第一个原因，是宁夏之乱。

现在正是平乱的关键时刻，宁夏城围攻战打得如火如荼。万历一朝精通兵略的名臣名将，几乎都聚集在城下：叶梦熊、梅国桢，还有著名的"东李西麻"李如松、麻贵等。在他们的身后，是来自半个中国的数万大军。在更远的地方，整个西北都被动员起来，几十万民夫如流水一般地行进着，无数粮饷从各地汇聚至宁夏。

当时大明除了宁夏有事，其他地方也不太平，播州杨应龙爆发变乱的苗头也逐渐显现。大明的财政状况并不算好，人力资源也不算丰富，很难同时支撑两场战争。必须要把宁夏彻底平定，才能腾出手来料理那头东方来的饿狼。

第二个原因，是朝廷百官。

对于大明援助朝鲜这件事本身，拥有大义名分，朝廷百官没人反对；但究竟该不该大张旗鼓地正式出兵，这事在朝堂上一直存有争论。

主张出兵援朝的一派认为，朝鲜是中国的战略缓冲区，在朝鲜打倭寇总好过在自己国土上打倭寇。其中山西道御史彭好古说得最清楚："今日御倭之计，迎敌于外，毋使入境，此为上策；拒之于沿海，毋使深入，是为中策；及至天津、淮阳之间，而后御之，是无策矣。"这是所有朝臣里对朝鲜战略地位最清晰、最全面的论述。

但反对派的理由也十分充足。兵科给事中许弘纲就对出兵这事表示反对，认为大明应该"守在四夷，不闻为四夷守"。只要把战争控制在国境线附近就够了，没必要管朝鲜的事。

彭好古与许弘纲一个是御史，一个是给事中，级别都不高，都属于嘴巴大，权力小的言官。反观朝廷的诸位大员，却保持着奇特的沉默。兵部石星的立场算是旗帜鲜明，其他几位尚书：户部杨俊民、刑部孙丕扬、工部曾同亨、礼部李长春、吏部孙𨬌几个人的态度却十分暧昧，至于内阁大学士赵志皋、张位两个人，更是未置一词。

因为在同一时间，他们正忙着做另外一件事，这件事比起朝鲜危机来说，更为至关重要——争国本。

当时万历皇帝有两个儿子：老大朱常洛、老二朱常洵。按照规矩，长子立嗣，可万历宠爱朱常洵的母亲郑贵妃，一直处心积虑要把朱常洵扶上位，便一直不肯给予朱常洛名分。大臣们坚决反对，纷纷上书请求尽快确立太子之位，万历却抵死不从。

于是百官与皇帝开始了一场旷日持久的斗争，从万历十四年（1586）一直打到了万历二十年（1592）。问题是就在万历二十年的八月，这场斗争刚刚有了一丝转机。在大学士张位的领导下，百官对皇帝发起了疾风怒涛般的攻击，死活要万历给出一个说法。

在这个节骨眼儿上，所有的大臣们都不希望节外生枝，给万历模糊话题的机会。

因此，许弘纲是这些朝廷大佬们推向前台的一枚棋子，希望能藉此把援朝战事控制在一个小范围的程度，不至于抢了"争国本"的风头。

而彭好古背后是各地——尤其是沿海地区——的地方大员们。

太子是谁，这些封疆大吏不如京官那么敏感，但日本如何，却关系到他们的切身利益。从壬辰战争一开始，沿海各地的官员就不停地给朝廷上书，要么提请内阁提高警惕，要么要求拨款整饬军备，生怕倭寇又来袭击。

如果日本在朝鲜深陷战争，那么得益最大的将是这些沿海省份，因此他们坚决支持大明出兵朝鲜。

于是，在这种种潜藏在水底的心思交错之下，形成了大明朝廷难得的政治奇景：军队已经厉兵秣马，打了好几仗了，上头却还保持着暧昧的沉默。

万历皇帝知道，如果要跟日本全面开战，必须得经过廷议形成朝廷决议，把朝臣的意见捋顺——最起码得让主战派占优势，否则这仗没法儿打。

因此，在军事、政治这两大因素的共同作用下，大明的当务之急，只有一个字：拖。

拖到宁夏平定，大军返朝；拖到百官意见统一！可这个战略，必须得让日本人配合，倭寇个个狡猾不堪，该怎么对付呢？

石星在万历的授意下，已经在八月份先行把兵部右侍郎宋应昌偷偷派去了辽东经略，为大军集结作前期准备工作。但是这还不足以拖延时日，于是头疼不已的石星脑子里冒出一个非常大逆不道的念头：和谈。

和谈这事，在宋朝和清朝，都算不得什么大事。但在大明，却是一件极其敏感而且完全不会讨好的事。大明朝在中国历代皇朝里可说是个彻底的另类，从头到尾没用女人和过亲，也没跟谁真的和谈过，性格极其倔强，胜了也打，输了也打，打不过大不了就跑，喘过气来接着再打。总之，在大明朝的字典里没有和谈，只有免谈。

这次"和谈"只是为了争取时间，纯粹是个骗局，因此绝不能从朝廷里派遣正式使臣，否则会被钉在历史的耻辱柱上，并挂上一块牌子：奸臣。

因此，一切都必须在水面下偷偷进行。石星想了一圈，决定从民间找一个精通倭寇内情的人，这样万一有什么问题，可以推个一干二净。

这一找，被他找出了一位纵观大明近三百年间都无人出其右的大忽悠。

沈惟敬首次赴朝的冷遇

当时在北京有一个社会闲散人员，叫沈惟敬。他籍贯浙江平湖，是平湖沈家的旁支。据此人的个人履历记载，他年轻的时候当过兵、炼过药，还在胡宗宪手底下干过幕僚，曾经用计谋毒杀过倭寇，算是半个日本通和一个抗日英雄。万历二十年（1592）的时候，沈惟敬已经六十多岁了，每天在京城里跟一群方士、无赖厮混。

他是个职业骗子，也具备骗子必需的两大特质：第一，语言能力出众，能言善辩；第二，生得一副好皮囊，面貌"长髯伟干"，形象很正面，不像骗子。

从履历看，沈惟敬完全符合骗子标准：江湖阅历丰富、胆子大、不怕死，最关键的是能忽悠。跟他一起每天炼丹做假药的人里有一个老头，姓袁。袁老头有个女儿，嫁给了石星做小妾。石星想在民间找人，知道自己这位老岳父常年混迹市井，问他有什么人可推荐。袁老头得了消息，回去赶紧告诉几个相熟的朋友，其中包括沈惟敬。

沈惟敬作为职业骗子，直觉地嗅出其中投机的味道。出于谨慎，他找来一个朋友沈嘉旺，问他日本的情况。沈嘉旺曾经被倭寇捉去过日本，约略知道一点当地情形，当下为了不示弱，说了些常识后，便满口胡柴起来，说什么日本关白只是想前往中国纳贡，朝鲜不让过，这才发兵讨伐。想要停战，写一封信就能搞定云云。

沈惟敬听说这事这么容易，动动嘴皮子就有一份万世功业，大为心动。他跑去找袁老头，让他把自己引荐给石星。

石星对沈惟敬作了一次面试，对这个骗子十分满意。沈惟敬仙风道骨，三寸不烂之舌，而且又是个民间无赖，十分适合担任这次"和谈"工作。为了表示诚意，石星亲自下文，把沈惟敬提拔为神机营游击将军，他的同伴沈嘉旺为指挥。

沈惟敬乐了。心想这事自己还真没判断错，这还什么都没干，就从一介白身变成了游击将军，虽只是个无品级的，好歹也是官！

石星这会儿也还算厚道，总算在事前把大明朝廷的真实战略目的告诉了沈惟敬，叮嘱说这一次你去和谈，结果不重要，重要的是过程。要紧的是你得一直谈下去。

于是沈惟敬和沈嘉旺两个人，带着十来个随从，高高兴兴奔赴朝鲜，去执行伟大使命了。

他们第一次抵达义州，是万历二十年（1592）六月二十九日。在这个时间，祖承训的部队都还没出发呢。这说明石星与万历对战局早有安排，这才早早布下"和谈"一手棋来拖延时间，好等宁夏方面的明军腾出手来。

沈惟敬抵达朝鲜以后，朝鲜人有点莫名其妙。这个人既非军人，也非使者，挂着区区一个神机营游击的头衔就跑了过来，自称来侦察敌情，到底想干啥？

尽管心中疑惑，朝鲜人看在石星的面子上，还是派了一个提学吴亿龄接待。吴亿龄问沈惟敬来做什么，沈惟敬说我打算单刀赴会，前往平壤城去谴责小西行长，说你们再不退兵，中国就要发全国之兵讨伐。

对这种夸张说辞，吴亿龄很不以为然。祖总兵那三千人，还是朝鲜苦求了很久才求到的，现在你一张嘴就说中国大军将来，凭什么啊。沈惟敬见他有点不信，一拍胸脯道："你别不信，平义智知道吗？平秀吉认识吗？那都是我的熟人。我说什么他们都听。"

沈惟敬打算去平壤城的计划，在中途夭折了。当时的朝鲜王室，正一门心思筹备粮草，催促祖承训出兵平壤，在这个关键时期，不会让前来和谈的沈惟敬坏了好事，各项工作均不予配合。结果沈惟敬的第一次出使，还没出义州就失败了，灰溜溜地返回北京。

从这一次出使能看出来，沈惟敬不是那种善于捕捉心理活动、循循善诱式的骗子，而是自我意识非常强烈。他的典型风格是胆子极大，赌性十足，什么都敢说。在别人眼里，外交无小事；在沈惟敬眼里，外交无大事，只要自己说得高兴，连秀吉这亲戚都敢冒认。

后来发生的种种黑色喜剧，可以说都是肇始于他这种有些癫狂的性格。问题在于石星需要的就是这样的人，因为只有这样的人，才能把比起来算很实诚的日本鬼子给蒙住，才能拖够时间。

沈惟敬再次赴朝

沈惟敬回来以后没几天，平壤之败的消息传到了北京，于是"和谈"又提上了石星的日程。在石星的殷切催促下，沈惟敬在八月十七日再度来到义州。

这次朝鲜人态度不同了。平壤城两次都没打下来，咸镜道也丢了，现在任何一个天朝来人，都是他们的救命稻草。国王李昖亲自迎出义州西门，一路陪到龙湾馆大厅，给足了沈惟敬面子。

沈惟敬哪里受过这等礼遇，脑子有点晕，一张嘴，习惯性地又开始胡说八道了："圣上很关心你们国家，已经调动了七十万兵马，马上就到。"

他这一句话，让大厅里一片沉默。

要说这事得怪石星。石星存心想利用沈惟敬，只对他面授谈判机宜，其他什么都没说。沈惟敬手里的资料，除了沈嘉旺那点半真半假的情报，只有零星的一些战报。

大明朝廷对战争什么态度，国内战备准备如何，沈惟敬两眼一抹黑，什么都不知道——他甚至没想过，为什么朝廷里那么多能人，却偏偏派他一个无名的无赖来谈判。

他这"七十万"一出口，李昖和一群大臣腹诽不已，又不好明说，只得委婉答道："其实六七千人也够了，时间再拖下去，怕是大军还没聚齐，便已来不及了。"

沈惟敬这时候显出自己口才来，滔滔不绝地给朝鲜君臣上了一堂兵法课，说得天花乱坠，说到最后一抹嘴："你们根本不用派使者去北京。反正我们大明七十万大军立等可到，不光是为了恢复你们朝鲜，还要直接捣去日本老巢哩！"然后他大摇大摆离开义州，继续朝平壤赶去。

朝鲜君臣面面相觑，李昖憋出一句："这个姓沈的说话，太不靠谱了。咱们还是派人去北京活动活动吧。"柳成龙、尹斗寿等一干大臣忙不迭地点头："太不靠谱了，太不靠谱了。"朝鲜君臣本来还没下定决心，沈惟敬这一拍胸脯，他们越发心虚，当即派了一位叫郑昆寿的使者，封为请兵陈奏使，星夜赶往北京。

郑昆寿的遭遇容后细表，单说沈惟敬离开义州，在二十五日抵达顺安。他让沈嘉旺背起一个黄包袱，先去平壤城。这个沈嘉旺也是个傻大胆，就这么大摇大摆地从祖承训败退的普通门闯进去，扯着脖子对城上日军高喊。

喊了半天，城门开了，出来的不是倭寇，而是一个中国人。

这个中国人叫张大膳，浙江人，和许仪后他们一样，是被倭寇掳掠至日本的华人，不过品行却截然相反。他现在在日军的第一军团担任通事，标准的汉奸翻译官。

沈嘉旺是温州人，跟张大膳是老乡。老乡见老乡两眼泪汪汪，俩人相见，彼此欷歔了一番，然后开始进入正式话题。沈嘉旺说大明派了谈判代表，此时正在顺安，希望跟小西行长谈一谈。最后两个人把日程敲定，八月二十九日，沈惟敬将单骑入日营。

小西行长对和谈十分欢迎，他早盼着这一天了。他特意写了封信给沈惟敬，说嘉靖年间我们日本人吃过一次亏。有个中国人叫蒋丹说与我们通贡谈和，最后设了圈套把我们的使者一网打尽，你可别玩这一套。沈惟敬回了封信：只要你们停战，咱们就是一家人。

对于他单刀赴会这个举动，许多人都觉得太危险，纷纷劝阻。

沈惟敬精通骗子行业的业务规范，知道做骗子必然风险与收益并存，富贵需得险中求。再说他本就是个不怕死的江湖泼皮，早就把生死置之度外，当下只带了三四名家丁，欣然前往平壤。

八月二十九日，沈惟敬抵达平壤城。小西行长存心想给他一个下马威，故意排出一个煊赫的阵容，铠明甲亮，剑戟如霜，把沈惟敬团团围住。沈惟敬表现得很平静，只是日本人这下倒把远处躲在大兴山上的朝鲜人吓了一跳，以为日本人动手把他给抓了。

到了谈判地点，日本派出了五个代表：小西行长、宗义智、宗义调和外交和尚景辙玄苏、宗逸，基本上囊括了日本之前对朝鲜外交的主要成员。

沈惟敬惯于拿大言唬人，对方这阵势他根本不害怕，一落座就张嘴道："大明马上就有天兵百万压境而来，你们全快完蛋了，知道不？"把姿态摆得极高。景辙玄苏刚想说话，沈惟敬眼睛一瞪："你说你！一个出家的和尚，怎么跟一群逆贼进犯大明属国！"玄苏赶紧当场叩头，解释说自己继承的是中国四明禅师衣钵，一向最尊重中华上国云云……

沈惟敬使杀威棒先杀掉了日本人的威风，这才徐徐开始谈判。

和谈是小西行长一直以来的夙愿，他从登陆朝鲜以来，先后三次给朝鲜国王写信，还曾经在大同江上与朝鲜使者正式会谈过一次。现在既然李朝的宗主国派人来谈判，正中他的下怀，因此表现出了很大诚意。

小西行长提出了两条要求：一是要重开通贡之路；二是划大同江为界，西归朝鲜，东归日本。

这两个条件的提出，表明日本占领军已逐渐从秀吉不切实际的侵略计划中清醒过来，变得现实起来。各地义兵和李舜臣的活跃，让举步维艰的日军不再奢求能够打过鸭绿江，只求把目前占领的地区巩固下来。

对于这些，沈惟敬都没法做主，但他表示他把这两个请求带回给万历皇帝，同时打包票说你们这么有诚意，陛下肯定会答应的。

沈惟敬满嘴跑火车的风格，朝鲜人不喜欢，日本人却信服得紧。几天下来，小西行长把沈惟敬佩服得要死，说，您在白刃包围之下仍旧面不改色，日本人里也没这么有派头的。沈惟敬微微一笑："我这是学郭子仪单骑入回纥军营。"小西行长文化水平低，愣没听出来这是沈惟敬拐弯抹角骂他是夷狄。

最后双方约定，五十天以后，沈惟敬就会带回大明的正式答复。在这期间，平壤城附近划出一条宽约十里的军事分界线，在这条界线内准许自由割草，双方不得采取军事行动。

和谈第一阶段，就此结束。小西行长客客气气把沈惟敬送走，送了包括几把铁炮在内的日本土产，临走之前还反复叮嘱务必要在五十日内给出回复。沈嘉旺则留在了平壤，作为人质。可怜小西行长还满心欢喜，完全不知道沈嘉旺这条人命根本不值钱，就算死上一百次，大明眼睛都不会眨一下。

九月八日，沈惟敬得意扬扬地回到义州，把与日本谈判的结果一说，朝鲜君臣面色立刻就暗沉下来。

谈判事关朝鲜一半国土，居然没有朝鲜任何官员参与。而且沈惟敬敲定军事停战区一事，根本就是自作主张，他一个人就拍了板，直接为朝鲜做了主。

沈惟敬一看朝鲜人面色不善，立刻给了一个严厉警告，说我听说有人在军事停战区砍了一个倭寇的脑袋？你们别玩小动作，别在军事停战区动手惹怒了日本人，影响了整个和谈。朝鲜君臣赶紧解释，说您定界的时候，手底下的人还不知道，咱们下不为例。

沈惟敬知道自己的举动引起了误会，跟他们解释说我这不是和谈，是缓兵之计，一直拖到大明援军抵达，咱们就撕毁条约再打不迟。

在沈惟敬嘴里，基本是听不到实话的。别说对日本人了，就是在他给万历皇帝的述职报告里，也保持了忽悠本色。不过这次，他难得地说了一段完完全全的实话，一点水分没有。

遗憾的是没一个人相信他，李昖表面上答应着，还送了他匹好马回北京，背地里却恨恨骂道：谁信你谁是小狗。李昖暗中传令军中，该怎么打还怎么打。沈惟敬在义州临走之前，小西行长又追了一封信过来。信中除了照例敦促以外，还不厌其烦地把自己和宗义智的正确姓名、官名写成一长串，生怕沈惟敬记错了。大概是他觉得沈惟敬回去，要把自己的名字报告给大明皇帝，是件相当光荣的事。

于是沈惟敬就这么回去了。无论朝鲜人怎么想，无论他的动机和手段如何，总之石星交给他的任务，如今已经完美地完成了。小西行长已被和谈的假象蒙蔽了，五十天之内肯定不会有大的军事动作。

对于沈惟敬的这一和谈举动，朝鲜人不屑一顾。尹根寿毫不客气地说这人根本就是在赌博，空手套白狼，拿身家性命去赌朝鲜救星的声望。

为何朝鲜君臣对沈惟敬态度如此恶劣？部分原因是他们根本反对和谈；另外一部分原因，则是因为朝廷又派了一个人过来，这个人叫薛藩。

薛藩是大明行人司行人，身携万历皇帝的谕令在九月三日抵达了义州。在谕令里，万历对李昖大加安抚，承诺说已经派了十万大军，克日可到朝鲜。这个承诺正如久旱的甘霖一般，十分对李昖的胃口，他与一干大臣抱着谕令，激动得一塌糊涂，涕泪满面。

薛藩是正宗朝廷使臣，万历十七年的进士，带的又是用过皇帝大印的正牌文书，无论哪点，都比沈惟敬这个名不正、言不顺的小丑强多了。两下对比，越发显出沈骗子的不堪。

朝鲜人不知道的是，这位行人薛藩，不只是个信使，他来到义州的目的，大不简单。

薛藩自从抵达朝鲜以后，没有待在驿馆里接受官员恭维，而是到处转悠，不动声色地观察一切，甚至不惮跟最底层的平民接触，并把一切默默记在心中。这是石星对他的嘱托，之前来朝鲜调查的使臣，大多是被朝鲜大臣带着转了几圈便完了，敷衍了事，带回去的报告几乎没法用。

现在朝廷要对朝鲜采取大动作了，亟需详细情报。薛藩接受的任务，正是评估大明出兵的前景以及朝鲜战场的敌我情形，为北京的朝鲜出兵决策作参考。

因此，薛藩擦亮了眼睛，事无巨细，悉以查之，从来没有人像他如此细致地了解过这片土地上的一切。短短三天时间，薛藩已经了解到了他想要知道的东西，便动身回国。此时在薛藩的心里，已经有了一笔清晰的账。薛藩和沈惟敬一前一后相继回到了北京。他们的返回，在京城投下了两枚炸弹，让围绕着出兵朝鲜吵成一团的大明朝廷，变得更加混沌。

廷议

让暹罗出兵援助朝鲜，万历皇帝在去年就曾经提过一次。当时朝鲜被吓得不轻，特意派了使者婉言谢绝，总算把这件事给搅黄了。

朝鲜人万万没有想到，事隔一年，暹罗居然死灰复燃，这到底是怎么回事？

这事还得从一个与暹罗八竿子打不着的人说起。

壬辰年（1592）八月十日，大明朝廷接到辽东一封来自建州的奏章，发帖的楼主是大明建州卫都督金事——努尔哈赤。

在这封奏章里，努尔哈赤说他刚刚统一了建州女真诸部，可以更好地为大明戍边，因此乞求朝廷能赐给他金顶大帽服色及龙虎将军职衔。接下来，他又抱怨说最近高丽边境不安宁，他的部落已有五十多人遇难。然后他笔锋一转，拍着胸脯表示：日本人正在打朝鲜，下一步就是打我们建州，我愿意为朝廷起兵三万，等到冬天鸭绿江水一上冻，就渡江抗日去。对于努尔哈赤要求的官职，朝廷未予理会，但对于他在奏章底下的提议，倒是兴趣十足。

石星此时正在为调兵遣将伤透了脑筋，这个提议真是瞌睡来了送枕头。他知道这个年轻人，前一阵刚统一了建州女真诸部，战斗力毋庸置疑。现在居然上表请战，真是忠诚可嘉。

如果换成别的女真部落领袖，石星还得嘀咕一下，但这个努尔哈赤身份大不一样。努尔哈赤是辽东名将李成梁的贴身侍卫，从小就养在李家，自称"奴儿"，跟李成梁的儿子李如松关系很好。现在朝廷已经有了派遣李如松入朝的打算，有他镇着，谅这个努尔哈赤也翻不出天去。

石星把这个消息透露给朝鲜，本来想达成一个意向性协议。不料朝鲜人的反应极其激烈，尹斗寿直截了当地表示："要是努尔哈赤入朝，朝鲜就彻底完蛋了！"朝鲜人的心情是可以理解的，在壬辰开战之前，他们最头疼的就是这些女真人。女真每年都要在朝鲜北境骚扰抢掠，死伤无数，两家早结下了深仇大恨。现在他们居然要打着救援的幌子深入朝鲜国土，这岂非是前狼后虎。

朝鲜君臣唯恐女真出兵形成朝廷决议，表现出了前所未有的强硬，打死也不从。对此，石星只能无可奈何地放弃了让女真出兵的打算。

努尔哈赤有些失望，继续去跟海西女真打仗。其实我们也很失望，因为努尔哈赤与加藤清正的对决，最终没有实现。

许多年后，当他再度进入大明视野的时候，已经不再是一个恭顺忠诚的部落领袖了……

女真出兵这事没成，但给了石星一个灵感：让外藩出兵似乎是个好主意，不用糜费中华人力，便能达成援朝的效果，大明最多出些银子粮秣就够了，是笔好买卖。

可除了女真以外，大明还能找什么人呢？石星故伎重演，想在民间咨询一下。

这次他又找到一位奇人，名字叫做程鹏起。

程鹏起，也有的史书上写成程鹏举。他和沈惟敬一样，是个市井无赖，靠嘴皮子混饭吃。与常年混迹炼丹界的沈惟敬不同，程鹏起的主营范围是外交圈子，忽悠那些外国使节，给他们与各衙门之间做个政治小掮客。

这个职业在北京很有市场。大明以上国自居，没有平等外交的概念，眼高于顶，那些来北京的外国使者——尤其是海外小国——想开展外交工作，很不容易。尤其是整个大明朝廷是个充斥着潜规则的复杂官僚体系，若没熟人点拨，想做点事难于上青天，特别需要程鹏起这种小人物做润滑油。

石星看中的，正是程鹏起的这个背景。他问程鹏起知道不知道哪国愿意出兵，程鹏起眼珠一转，当即脱口而出："暹罗。"

石星摇摇头，去年的暹罗出兵事件他知道，何必旧事再提。程鹏起给他解释道：上一次只是万历皇帝提出的想法，算不上正式讨论，无疾而终很正常。而这一次，他有把握让暹罗国自己主动提出来，这性质就大不同了。石星听了大喜。

暹罗恰好这时候有一个使团在北京，团长叫握叭喇，跟程鹏起很熟。经过他私底下一番运作，握叭喇欣然同意，写了一份奏章递给朝廷，声称听说天朝打算对日本用兵，暹罗愿意也派一支部队为前驱。

这份奏章在朝廷引起了很大轰动。石星和宋应昌认为此事可行，万历自己也是兴趣盎然，可朝中对此事的非议也不少。这些反对者的观点可以分成两个问题：第一，暹罗能不能出兵；第二，暹罗危险不危险，会不会借机攻打中国？

朝廷觉得这么讨论下去，实在没什么效率，最后有人给出了个主意："两广地区离暹罗最近，不如问问他们的意见。"大家都说好，便给两广总督萧彦发了一封咨文。等到萧彦回复，再派正式请兵使者不迟。

不过万历皇帝特别兴奋，心里藏不住事。正好行人司薛藩要去朝鲜宣谕，于是万历特意在圣旨里加了一句："并宣喻琉球暹罗等国，集兵数十万，同征日本，直捣巢穴。"

给两广的咨文发出去了，但石星有点等不及。北京到广州这一去一返，横跨整个大明疆域，太耽误时间。他找到程鹏起，说咱们能不能先派个人去暹罗看看，让他们先准备着。程鹏起一拍胸脯：我去！

石星大喜，循沈惟敬的故例，给程鹏起加了一个参将的头衔，发了一笔钱，带了二十几个人，前往暹罗。

相比起出生入死的沈惟敬，程鹏起实在是太不敬业了。他带着这一批人先跑到朝鲜，索要了一笔贿赂，然后又折腾到福建一带，扯着兵部的虎皮，要求当地船厂给他们造大船，招募水手，贪了饷银数十万，在海上晃荡了几个月，一点要去暹罗的意思都没有。

石星送走了程鹏起，心里稍微踏实了一点，正琢磨着怎么跟朝鲜人说。到了九月十九日，朝鲜的请兵陈奏使郑昆寿抵达了北京。石星闻言大喜，心想真是来得早不如来得巧。

郑昆寿这次来北京，目的只有一个，促成大明正式出兵。他到了北京以后，还没好好休息一下，便开始到处拜码头。从礼部拜到兵部，从兵部拜到户部，总之把京城能管得着朝鲜出兵的衙门，都拜过了一圈。每过一门，他都哭上一鼻子，恳求上国帮帮忙，救朝鲜于水火。

郑昆寿在拜码头期间，偶然碰到了另外一位使臣，一打招呼，发现是暹罗来的，名字叫握叭喇。郑昆寿听到暹罗这名字，心里一哆嗦。想起前一年金应南进京的时候，万历皇帝差点把暹罗人安排给他们当盟友，心想不会这么巧吧。

九月二十八日，石星给郑昆寿发了份请帖，请他去家里赴私宴。郑昆寿不敢怠慢，立刻赶了过去。一进石星家，他抬头就看到一人，正是前两天碰到的那个暹罗使者握叭喇，汗珠子当时就啪嗒啪嗒掉下来了。

在石星府上，郑昆寿照例哭了一鼻子，恳求石星出兵。石星也照例慰勉了一番，然后把他引到座位上，与暹罗使者一起吃了一顿饭菜。吃饱喝足了，郑昆寿和暹罗使者一起走出来，看四下无人，偷偷对暹罗人带的翻译说："今天石尚书叫我来，是打算向我暗示暹罗出兵的事。我跟你们说，我们朝鲜不好走，得从广东绕路琉球，而且朝鲜和日本之间，还隔着好长一段旱地长沙，走不了船，你说你们来干吗？"

一听就知道，郑昆寿是成心要让这事成功不了……

后来郑昆寿年底回国，还跟李昖提起这事，说大明打算派暹罗出兵日本，明年春天发兵。李昖听了以后说连元朝都打不动日本，暹罗能干个啥？这个暹罗兵的问题从年中讨论到了年底，最后还是被两广总督萧彦一锤定音。萧彦接到咨文以后，郑重其事地上了一道《夷心难测借兵宜慎疏》，在这封奏疏里，他把暹罗描绘成一个狡猾如日本、国力也十分强劲的阴险国家，说找这样一个国家借兵打日本，只怕日本未灭，中华先引火上身。

其实萧彦这话，纯粹属于造谣。明代的暹罗，在那一圈里确实是个桀骜不驯的国家，没事就跟缅甸打着玩儿，但绝没到萧彦说的那种能跟日本抗衡的地步。最关键的是，暹罗对明朝一直是仰慕加尊重，是相当友好的，好比暹罗不支持本国女子和外国通婚，尤其是和洋人通婚，但对她们嫁给中国人却是明目张胆地鼓励。又譬如往来通商，其他国家商人的税收一概都没商量，唯独中国商人的税收要远低于其他人，而且这是官方明文规定，由此可见暹罗对明朝的态度了。

萧彦之所以说得这么夸张，只是因为怕给自己惹麻烦。暹罗邻近两广，若真要出兵，到时候无论粮饷兵备驻屯，一应事体必然全是他忙活。这种国外军队驻屯接待工作十分复杂，万一闹点什么军民纠纷之类的，外交无小事，官帽很可能丢了，还不如写一纸奏章直接把这事搅黄算了。

于是，在各方面势力情愿或不情愿的搅黄运动中，暹罗借兵大计就这么黄了。最后只便宜了那个程鹏起，骗了一笔国家的钱优哉游哉地在海上游玩，一直到次年才被大明解决掉。

女真、暹罗两路援兵都由于各种原因夭折了，朝鲜人又开始不停地问了：大明什么时候出兵。

要大明出兵不难，只要能在朝堂之上把百官的意见统一，这事就好办。

石星在暹罗项目上栽了个跟头，但那是输在了对海外情况不熟，对于自己熟悉的领域，他可谓是老谋深算，布局缜密。

为了能促成廷议出兵，石星拟订了一个计划。这个计划从沈惟敬和薛藩去朝鲜开始，便已开始部署，等到郑昆寿九月十九日抵达北京后，石星意识到时机已经成熟了，可以出手了。

郑昆寿一到北京，四处哭衙。他的这一行动非常有成效，郑昆寿的这种举动，很快就博得了很多朝臣的同情，效果卓著。反对出兵朝鲜的舆论，就在这声声哭泣中逐渐降低了调门儿。那种"朝鲜是外邦，死活不必理会"的言论，再没人好意思提了，反对者们都改口强调朝鲜敌情未明，不可轻举妄动——这是一大进步，至少从道义上他们不再阻挠出兵。石星此时已接到沈、薛二人的报告，他在九月二十八日召见郑昆寿，除了给他介绍暹罗使臣以外，还进行了一次深入谈话，统一思想，最后一次摸摸朝鲜的底。

到了十月二日，石星提请廷议讨论援助朝鲜问题，这照例遭到反对。但石星的提议，并未完全被驳回，此前一直未获通过的火器援助，终于被一致通过。

这是石星的一次投石问路，他从决议结果看到，反对派的意志已经不那么坚定，可以予以重重一击。

于是，到了十月五日，石星再次上奏，要求阁部九卿科道集体来一次廷议。奏本里除了援助朝鲜的老生常谈以外，还加了两句话，一句是他自愿前往辽东居中策划，立下军令状，只要有一个倭寇进入国境便自受军法；第二句，是推荐辽东的地下君王——宁远伯李成梁一同前往剿倭。

这两个人选让朝廷喧闹了起来。大明朝还从来没有兵部尚书亲自带兵出征的先例。至于李成梁，他在前一年刚刚被弹劾罢官，朝廷一直希望他在辽东的影响力被削弱，恩养在京，现在提出起复，岂不是荒唐？

这两个人选，是一定不会被朝廷通过的。石星这一手，玩的是拆屋开窗之计。我说开窗，你肯定不答应；但我要说拆屋子，你就允许我开窗了。

果然如石星所料，朝中大臣都被这个奏本里破釜沉舟的气势惊呆了，不知他哪里来的这份心气。石星趁机把郑昆寿的哭诉讲了一遍，朝中大臣多少都知道这人的事迹，都默然不语。反对者们看到在道义上已无法阻止，只能继续搬出"朝鲜敌情不明"的理由，说如果贸然前进，只会和祖承训一样遭遇失败。

石星早等着这句话，他拿出一份报告给大家看。大家一看落款，薛藩。

这份报告是薛藩返回北京途中写成的，在壬辰战争史上的地位非常重要。

在石星的授意下，薛藩还特意表扬了沈惟敬两句，说他单身入敌营，争取来五十多天的缓冲期。

薛藩的报告详尽、缜密，极富说服力，折服了所有人。

万历皇帝对这个结果非常高兴，下旨说，老石你是个好样的。

石星确实是个好样的，他这一次先是激情攻势，又是理性辩白，数路并发，攻势绵绵不绝，于无声中便把反战的舆论消解于无形，可谓是精彩至极。

他能够取得胜利，最关键还不在这些手段，而在于合乎上意。对朝鲜用兵，一开始就是万历皇帝提出的方针。他虽躲在宫内不与大臣们相见，却通过石星，逐次往朝鲜添兵，把中、朝、日的对峙长期化、日常化。反战者们就像是温水里的青蛙，温度上升而不自知，等到石星最后发出雷霆一击时，他们发现大势早已悄然逆转，出兵朝鲜已是箭在弦上不得不发了。

大事既定，剩下的便是细枝末节。兵部趁热打铁，在数日后上表提请出兵。这一次的调动规模空前，包括了辽东军、浙兵、蓟州、保定、宜、大等驻防军，加上已在鸭绿江两岸驻屯的九千人，总兵力达到了四万人。这个计划数字虽然和后来实际动员的人数略有出入，但足见明军这次是动真格的了。

在这些部队当中，辽东军是精锐尽出；宣、大、蓟、保等地因为要防御蒙古人，派来的大多是当地团练。特别值得一提的是浙兵，这支部队是戚继光的血脉，指挥官吴惟忠、骆尚志、王必迪等人都曾是戚继光的部属，拥有一整套对付倭寇的战术与装备。

这还只是先发部队，四川、山西、浙江义乌、东阳等地的军队，都在陆陆续续动员中。

至于总指挥官的人选，石星在那封奏折里已经给出暗示了：李成梁——但是李成梁肯定不行，他身份敏感，何况年纪也大了，不宜出征，可是宁远伯的面子不能不给，那么朝廷只有一个选择：李成梁的长子李如松。

李如松此时正从宁夏战场带着无上的荣誉归来，征尘未洗。他来当这个指挥官，众望所归。

于是，李如松从提督陕西讨逆军务总兵官，改成了提督蓟辽保定山东等处防海御倭总兵官。另外南京刑科给事中徐桓、福建御史彭而珩等人还不失时机地举荐了李如松的弟弟李如柏、李如梅、李如梧等人，也都在东征军中各有职务。其他人选如杨元、张世爵等人，都是南北一时名将。

但大明祖制是"以文驭武"，这种国家级的军事动员，必须要用一位文官来担任最高统帅。

宋应昌是会稽人，嘉靖四十四年（1565）二甲进士，在大明官员中学历只算是普通。他历任绛州知府、户科给事中、刑科给事中、礼部给事中、河南布政司参政、山东巡抚、江西布政司右布政、都察院右副都御史、大理寺卿、工部右侍郎。这一长串履历相当热闹，六大部委干过四家，朝廷和地方都有过任职经历——可是唯独没有与军事相关的。

石星为何要选这么一个人呢？因为宋应昌这个人不务正业。他本职工作多是庶务民政，可他本人的兴趣爱好，却是打仗，没事就上书朝廷，对各地边境政策指手画脚，一个主意接着一个主意地出。像他在山东当巡抚的时候，老百姓生活水平没怎么改善，军备水平倒提高了一大截。

在壬辰年八月份的时候，朝廷名义上还没决定出兵，但万历皇帝授意石星可以开始做前期准备工作。石星希望这件事要低调、秘密地进行，因此负责人必须懂军事，善于统筹，又不能有太强烈的军方背景，以免刺激到朝廷。

挑来挑去，石星想到了这个不务正业的军事狂。经过一番运作，石星在八月十三日把宋应昌从工部平调到了兵部，然后立刻把他派去了辽东准备。

宋应昌六月二十四日才刚刚从大理寺卿升任工部右侍郎，两个月都没到，居然又转到了兵部。这在万历朝，算是一个不大不小的奇迹——当时万历皇帝正在消极怠工、变相罢工，以示对大臣们的抗议，多少职位因为他拒绝签字任命而常年空缺。从这一个人事任命，我们就能觉察到石星背后万历皇帝的身影。若没有他大开方便之门，石星断然无法如此随心所欲地操纵人事。

宋应昌确实不负众望，他到辽东以后，采取了"先固己，再救人；先由近，再及远"的原则，开始有条不紊地整顿，修缮城墙道路，安排粮草调运，检查武器库存，等等。在接下来的战争中，明军在辽东境内的补给与运输从来没出过任何差错，全赖这位"不务正业"的大人用心之故。

有鉴于他这份辛苦与功劳，等到朝廷决议一定，宋应昌便顺理成章地成了经略。

朝廷还为宋应昌下面设置了几个副手。沈惟敬是其中一个，他立了大功，被实授游击将军署都指挥佥事。另外还有两位副手，都是兵部职方清吏司主事，一位叫刘黄裳，他在进入朝鲜觐见国王的时候，别人都是嘘寒问暖，他上来就问国王的生辰八字，说要给起一卦，让李昖莫名惊诧。另外一位名字叫做袁黄，字坤仪，任援朝军营赞画，也就是在前线给李如松担任参谋长。这位参谋长乃是大明朝的一代奇人。

大明朝从来不缺天才，但是却很少看到袁黄这样的全才。袁黄兴趣广泛，涉猎广泛，偏偏脑子还特别好使，什么东西一拿起来就会，而且都是精通。在万历二十年（1592），袁黄已经六十多岁了，但脑子一点都不糊涂。这四万大军的衣食住行、军器马匹、沿途驿站粮草配置，全都装在这个老头儿的脑袋里，分门别类，丝毫不乱。他还嫌这点东西不够费脑子，找来朝鲜地图和一堆战报，盘腿开始研究进军路线、情报分析和针对日军铁炮的战术策略。

袁黄是嘉善人，从小就目睹家乡被倭寇蹂躏的惨状，对于日本人丝毫没有好感，但却很熟悉。这次有机会亲手报仇，袁黄自然要全力以赴。所以有他陪伴着李如松在前线，石星和宋应昌都放心得很。

这一文一武，可以算是万历一朝的最佳组合了。

整个大明，这个时候都开始活动起来，各类边境动员整饬的琐碎事务，充斥在这期间的明代史料里，大明为这场战争做到了什么地步呢？山东地方在十一月初上报，称泗水亟须疏浚，否则明年必成水患。工部回复说先等等，这会儿没空搭理你们，等明年春天打灭了倭寇，腾出手来再修。

总之，大明这辆庞大的战车，终于在各方面的齐心协力之下，从开始的摇摇晃晃，发展为缓步向战场推进。这辆战车上集结了一朝之精英，准备一战定乾坤。

只想和你谈谈心

大明终于决定动手了，可"决定动手"和"动手"之间，并不是完全同步。

此时各路兵马尚未全部到位，粮饷都在筹措运送途中。最重要的是，最高指挥官李如松还没从前线赶回来，他不在，这仗是不能打的。

这一切筹备，都需要时间。

沈惟敬当初在壬辰年（1592）九月初与小西行长约定，五十日内——也就是十月二十日——必有回复。大明成心要拖时间，所以小西行长提出来的那几条要求，在廷议的时候直接被否决了。可日本人实在。小西眼巴巴地在平壤城一直等着，朝鲜人也在惴惴不安地掰着指头算日子。到了十月二十日，五十日已满，却还没等到沈惟敬的身影，小西有点着急了。

小西行长已经听到了风声，在北边的加藤清正，已经送了一封信给在义州的国王李昖，说只要朝鲜愿意投降，加藤便把两位王子放回，永修盟好。加藤这一手，明摆着是跟小西行长抢生意来了。

若是议和之事被加藤拔了头筹，那可就要压倒自己了！而在小西行长的大后方，义军的风潮仍未减退，李舜臣更是肆意横行，甚至在日本已经有了流言，说宇喜多秀家、毛利辉元等人在朝鲜战死。小西一急之下，带领手下出城转了几圈，传话给朝鲜人："沈惟敬再不来，我们就打到鸭绿江去。"还大剌剌地大造攻城器械，故意让朝鲜人看见。

宋应昌这时候在山海关正忙活着。他算算进度，恐怕还得再等一两个月，于是把沈惟敬叫过来，吩咐他再去平壤城一趟，拖上一拖。沈惟敬领命而去，日夜兼程，在十一月初七抵达鸭绿江边境。这已经是他第三次进入朝鲜了。除了议和，他还肩负另外一个使命，就是侦察日军在平壤城到底有多少兵力。

到了边境以后，沈惟敬没有马上奔赴平壤。他知道谈判技巧，摆的谱儿越大，越容易让对方产生敬畏，急忙忙地赶过去反而会被看轻。于是，他待在义州，先派了一个叫娄国安的随从去平壤，先把养在倭寇窝里的沈嘉旺换回来。

娄国安到了平壤城，先提出要看看人质安危。小西行长把沈嘉旺带出来，娄国安一看，发现这哥们儿……胖了。原来沈嘉旺在平壤城做人质时，待遇相当丰厚，小西行长每天好酒好肉伺候着，除了有两个卫兵形影不离，其他没任何不方便的地方。

看到沈惟敬的代表到了，小西行长心中略安，看来大明的人没有食言，只是迟到而已。他赏了娄国安银子，还送了沈嘉旺一把倭刀。沈嘉旺临走前，小西行长问你们家沈游击什么时候能到？沈嘉旺回答："现在快冬天了，日短夜长，再说我家沈老爷年纪大了，每天走不过五十里，差不多十一月二十日左右

133

到吧。"

小西行长点点头，写了一封信："叫你家老爷赶快来吧，我们都等急了。"沈嘉旺把信揣好，走出平壤城，忽然发现不对劲。

从东边的大同门到西边的普通门，到处站满了日本士兵，盔甲鲜亮，旗帜如林。沈嘉旺在平壤待的这几个月，本以为已把日军底细摸了个大概齐，此时放眼望过去，发现这些士兵一半以上的旗号都不认识——显然是从别处集结到平壤的军队。

小西行长咧着嘴拍了拍沈嘉旺的肩膀："我听说朝鲜人又整出几万人马，你们沈游击还从大明带来十几万人。想和谈，没问题；想打仗，我也奉陪！"看来日本人已经对大明的和谈诚意起了疑心。

沈惟敬接到沈嘉旺的报告以后，一点畏惧之色也没有。旁人都劝他小心，他满不在乎地表示没事。沈惟敬如此镇定，是因为他这一次来朝鲜，带了一样东西，拿黄包袱皮仔细包住。只要有这样东西在，不仅可以保住自己的性命，还能顺利地完成拖延的使命。

沈惟敬没被吓着，朝鲜君臣却被吓得很紧张。十一月十五日沈惟敬一路徐徐渡过鸭绿江，朝鲜人听说以后，急得不行了。他们花了好大力气才说服大明出兵，怎么能让一个混蛋的和谈行动把这一切给毁掉——何况和谈的条款，完全就是以牺牲朝鲜利益为前提。

于是，在沈惟敬朝义州赶路的时候，朝鲜使臣也一拨拨儿地往辽东赶，向杨绍勋控诉，向宋应昌控诉，向都察院御史控诉，向一切可以控诉的人控诉。这样一种心态之下，朝鲜人对沈惟敬的态度，已近乎敌视。沈惟敬在十一月十七日抵达义州，驿馆的接待官吏懒洋洋地给他扔来一坛酸酒，几个破碗，气得沈惟敬把筷子扔地上，转身走了。

与此同时，出使辽东的使臣们纷纷回报，说辽东那边态度冷淡，对朝鲜的控诉不闻不问。尹根寿接到报告，仔细琢磨了一番，有点反应过来了——朝鲜大臣们这是关心则乱。他连忙禀报李昖，说沈游击这次来，估计是为了麻痹敌人，骗他们先放了两位王子，再攻打平壤。

李昖根本不信任这个老骗子，反问敌人凭啥听他一句话就放人？尹根寿自己也没底，只得含含糊糊回答说天朝熟知倭情，里面藏着什么玄机我也猜不出来。李昖撇撇嘴，不信。等到接见沈惟敬的时候，李昖一点没客气，劈头就质问道："听说你是来和谈的？我们跟日本血海深仇，天朝怎么能跟这种小丑讲和呢？"沈惟敬当即回答："当初我跟日本人约了五十天停战，可不是为了他们。那是因为朝鲜是雨季，道路泥泞，到处都是水田，不利于行军，所以要等到水田都干了，秋粮都打完了，才能进兵。我去谈判，纯是为骗回你们两位王子，再率领大军进剿。"

他这一番回答入情入理，李昖稍微放松了心情，接下来又连续问了一些关于军情的问题。沈惟敬对答如流，说到激动的时候，梗着脖子哽咽道："像我这种高官，本来该在家里安享晚年，如今却单刀赴会，不畏生死，为了什么？不都是为了贵国的利益吗？石爷（石星）为了你们天天吃不好饭睡不好觉，我是为了报答他才来的！"

这一席精彩演说，彻底折服了朝鲜君臣，再没人质疑他的和谈目的。李昖很为误会了沈惟敬而惭愧，便派人给他送来一批朝鲜安插在平壤的间谍资料，希望对他的平壤之行有所帮助。还重重惩处了怠慢沈惟敬的驿馆官吏们。

等到沈惟敬离开义州，没过几天，朝鲜人又开始惶恐了。因为都元帅金命元从前线回报，说沈惟敬举止很诡异，连柳成龙都没见，就直奔平壤城而去。他进平壤时，大约有一百多个日本兵开门把他迎了进去，看起来很亲密。

这时又有人说，看到沈惟敬上路的时候，带着一个黄包袱皮，形影不离，会不会是大明皇帝写给小西行长的敕封诏书？大家纷纷猜测那包袱皮里是什么东西。又有人说石星是主战的，他怎么可能派沈惟敬来和谈。甚至还有人提议不如趁敌人放松警惕，大军杀过去，趁势夺城——这就是成心要置沈惟敬于死地了。

听群臣这么一忽悠，这沈惟敬到底是存的什么心思，李昖又不踏实了。

沈惟敬对朝鲜人怎么想毫不关心，他一路晃晃悠悠，在二十五日抵达平壤。当晚日本人在平壤附近的釜山院请他吃了顿饭，次日入城。

小西行长见到沈惟敬来了，十分开心，连忙大开城门，盛情款待，还派了肩舆把他抬进城，跟上次白刃包围着进城态度大不一样。只是处处都有兵将巡游，暗伏杀机。沈惟敬面不改色心不跳，一面和小西谈笑，一面还有闲心偷偷数城内兵数——后来他估算的平壤城总兵力约在一万四千人到两万，与第一军团主力大体相当，十分准确。相比之下，朝鲜人跟小西交手了无数次，仍旧对敌人实力稀里糊涂，还不如沈惟敬一个大骗子精明。

两边坐圆，日方这边是小西行长、宗义智、宗义调、玄苏、宗逸，还是上次谈判的五人小组。小西行长开口问道，天朝对上次提的要求有什么意见？

沈惟敬不慌不忙，从怀里拿出黄包袱皮，捧出一封文书，递给小西行长。小西行长接过来，验看一下，发现上头盖的是北京兵部的关防，还有石星的印记，不禁肃然起敬——上次沈惟敬来的时候，只带了一个游击将军的小章，只是个山寨货，这次的行政级别像样多了。

小西行长不懂中文，就让玄苏和尚代为翻译。听玄苏读完以后，他笑得嘴都合不拢了。这份兵部文书是这么写的："我们已经知道日本的苦衷了。原来你们起兵，只是为了通贡于天朝而已，都怪朝鲜背信弃义，才导致两国交兵。现在既然都是误会，你们赶紧把地盘和两位王子还给朝鲜，另外寻一条路来进贡就是了。"

这封回函相当地狡猾，行文暗藏玄机。小西提出的两条要求，它一条都没答应，但看起来又像是都回答了似的。日本打的旗号是通贡，你换条路来，不一定途径朝鲜，这么轻轻一句就撬掉了日本的借口基础。至于小西提出的划大同江为治，文书里根本没提，反把归还国土和王子作为通贡的前提条件。七绕八绕，把一个停战问题硬生生变成了通贡问题，把日本人的筹码拿过来化为己用。

小西行长果然被绕糊涂了，半天没回过味儿来。他的手底下宗义智、宗义调都是半文盲，玄苏、宗逸虽然对汉文化十分熟稔，可这种玄奥幽明的推手功夫没十来年官场浸淫可学不会。

几个人凑在一起商量了一通，小西行长有点为难地对沈惟敬道："两个王子，都是在加藤清正手里，这事我做不了主啊。"沈惟敬立刻回问："那你能做什么主？"小西行长想了想，回答说："把平壤城还给你们，划大同江而治，这事我能拿主意。"沈惟敬把脑袋摇得像个拨浪鼓儿，"不成不成，这样谈不成和平，那还是各自回去，等着打仗吧。"

小西行长挺着急，有点扭捏地说："平安道是我的防区，我能做主。可是朝鲜其他诸道都有别的大将镇守，他们可不听我的。"这一句话正中沈惟敬下怀，"说来说去，这两个条件你既然做不了主，那么赶紧回去禀报上峰吧。等贵方计议定下来咱们再谈。"小西行长要回报在汉城的宇喜多秀家和长老团，然后汉城方面要回报在名护屋的秀吉，这一折一返，至少一个月时间。有这一个月时间，大明军队基本可以做好准备了——最绝的是，沈惟敬还让小西行长等人觉得，拖延谈判的责任不是大明方，而是日方。

沈惟敬看到自己拖延时间的目的达到了，决定见好就收，不要把日本人逼得太紧。于是双方各退了一步，心怀愧疚的小西行长决定先把平壤城交还给大明，日军退到大同江以东，其他条款等禀明了秀吉再说；而大度的沈惟敬则慷慨地表示，他会先说服朝廷把册封秀吉的事办了，以表示诚意。

最后主宾双方约定，在万历二十一年（1593）的一月七日，大明朝廷特使会在平壤以北的肃宁馆恭候，与日军交接。当小西行长问他朝廷特使派谁来，沈惟敬正色答道："李如松。"他这个回答基本是诚实的，没有完全说谎。后来李如松确实在一月来到了肃宁馆，只不过带来的不是册封仪仗，而是数万兵马与各式大炮而已。

于是，第二次中日谈判便在友好热烈的气氛中胜利结束。沈惟敬离开，并在十二月三日返回义州。朝鲜君臣正在惶恐不安，看他回来了，拽住死命问他到底谈得怎么样，大明到底出兵不出兵。沈惟敬给问烦了，嚷了一句："我接到的命令就是谈判，其他的事别问我，问宋应昌去！"然后转身离开。

他这一句话，让朝鲜人更害怕了。他们看到大明在辽东按兵不动，生怕这次谈判是玩儿真的，真把大同江以南割给日本，都心慌不已。李昖也不想想，大军都集结了，怎么可能不打呢？

李昖跟手底下人商量了一通，觉得这样下去不行，没被日本人杀死，也得被自己吓死。还是得问问上头的意思。工曹判书韩应寅以前出使过大明，有丰富的辩诬经验，李昖便指派他前往辽东去见宋应昌，问个究竟。

韩应寅找到宋应昌的衙门，强烈要求面谈。宋应昌一脸无奈，自从他入镇辽东以来，朝鲜人天天要求见面，书信写了一封又一封，怎么说他们都不信，不说他们又惊恐万分，实在太难伺候了。于是他对韩应寅说我车轱辘话说了许多遍，信里也都不厌其烦地写明白了，你回去。明天我先派五千人马渡江，一半进驻定州，一半进驻义州，这总行了吧？

韩应寅问大军啥时候动？宋应昌回答说我就是个经略，主力移动要等李总兵来，也就这四五天时间了。这个月肯定能出动，我求求你，就别问了行吗？

韩应寅还死皮赖脸不肯走，最后提了一句沈游击去平壤谈判这事您知道么……宋应昌一听，脸色一变，狠狠瞪了他一眼，"这不是你该问的事！"又补了一句，"我奉命讨伐倭寇，其他的事都不清楚。"

韩应寅是焦虑、痛苦以及小无赖；而宋应昌则是无奈中带着一丝不耐烦，还有几分警惕。

宋应昌从来没喜欢过沈惟敬——不独是他，所有人都没喜欢过这个夸夸其谈的骗子。

大明官场有自己的一套内在规则，文武官员升迁拔擢都有规矩依循——而沈惟敬本是市井无赖，没有任何功名在身，而且寸功未立，就这么赤手空拳闯进官僚体系，作为秩序破坏者出现，他得授游击将军之职也还罢了，居然还作为一国使者，代表大明与他国折冲樽俎，这实在是难以接受。石星怎么能不知道，其他官员一提起这个人，可都是面上无光，觉得自己"被代表"了。

而且沈惟敬从事的工作，在大明官员看来并不光彩。和谈这种事太丢人了，就算是为了拖延时间的假和谈，若公开出来也会被那些言官弹劾，惹出大麻烦。因此，沈惟敬的和谈行动只在一些高层官员中流传，下层官员与军官都未曾予闻。

当韩应寅一提这个名字，宋应昌就极其敏感地顶了回去，不允许他继续说下去。这些朝鲜人太多嘴了，他那时候一定在心里这样想。

朝鲜对沈惟敬的疑虑，一直到十二月八日才被从北京返回的郑昆寿消解。郑昆寿回到义州以后，把明朝朝廷关于出兵的争论以及决策全过程都讲给李昖听，李昖这才明白其中的曲折。郑昆寿还拿出了薛藩报告的抄本，摘出里面提及沈惟敬和谈的一段话："游击沈惟敬奋不顾身，单骑通言，约五十日，缓其侵犯，以待我兵之至。然而我以此术愚彼，亦安知彼非以此术而愚我乎。"

沈惟敬可以不信，薛藩是朝鲜大恩人，却不能不信。

很快在辽东的韩应寅也传回消息，他在辽东找到了一个军方的重量级人物：右协大将，副总兵官张世爵。张世爵早听了这些人纠缠的恶名，也不啰嗦，直截了当告诉他：李如松总兵已经到辽东了，十五天内必然发兵。又说你们错怪沈惟敬了，我们是打算借和谈之名诱敌人出来，再聚而歼之。

至此李昖方才疑虑尽消。沈惟敬之前的种种古怪举动，都得到了合理的解释。朝鲜人还安慰自己，沈游击不愿意告诉我们实情，那是怕我们泄露军情而已。沈惟敬若是听见，肯定会叫起撞天屈。他早就把真实意图告诉过朝鲜人，谁让他们不听！

暂且躲过一劫

就在一切都看似烟消云散的时候，事情陡然起了变化。

十二月十三日，李昖与大臣们闲聊，说起沈惟敬，还在称赞沈惟敬的计策真是不错。正说间，韩应寅一脚踏进来，满头大汗，手里拿着一份文书。

李昖打开一看，有点蒙了。这份文书是前天刚表扬完沈惟敬的张世爵发出来的，提请朝鲜方面注意，说沈惟敬已经被拘捕，让他们严密监视，不要让沈惟敬的随从进入平壤城。

李昖百思不得其解，这不是大明定下来的策略么，怎么现在又成了罪人了？

文书里提到沈惟敬的罪名主要有三点：第一，泄露军情给倭寇；第二，沈惟敬带的都是江浙老乡，不带辽东人；第三，擅自与敌人议和，而且刚谈好条件，小西行长就撕毁条约，攻下了平壤附近的中和土城。这三点罪名十分牵强。第一条罪名没有任何凭据，沈惟敬反倒带回不少倭寇的情报；第二条罪名莫须有，沈惟敬身边虽无辽东人跟随，但北京兵部明明派了随行娄国安；第三条更是欲加之罪，小西行长攻下中和土城的时候，沈惟敬甚至还没进入平壤，遑论和谈。

怎么原本还为沈惟敬辩护的辽东诸将，突然之间翻脸比翻书还快了呢？

李昖不知道的是，此时在辽东境内，正在爆发一场极其突然的"倒沈运动"。

李如松的弟弟李如柏找来朝鲜使者，深入追究沈惟敬的经济问题，仔细查问沈带入朝鲜的银两布匹究竟都花到哪里去了，是否有违纪行为。他还偷偷给朝鲜使者们看了两道密信。这两封密信来自于石星和宋应昌，里面的内容大同小异：沈惟敬与倭寇议和之事，是他自己胡来。大明专心一致讨伐，没有别的想法。

使者大惊，想把信的内容抄给国王看，却被李如柏拒绝了。

到了十二月十七日，大明的态度变得更加清晰。

李如松在辽阳明确指出："沈惟敬那个老骗子，根本不值得信任，我从来没信过他半点。"据说，当沈惟敬去面见这位大名鼎鼎的提督时，被他吩咐左右绑起来，差点推出去直接砍头。同在辽阳的宋应昌当时正在生病，他把朝鲜使者召到病榻前，咬耳朵道："沈惟敬干的那点事，是石尚书的主意，我是一点不知道。之前在广宁的时候我就跟他说过，若是日本人肯退还全部领土，和谈好说，只要有一寸土地未复，就不该让步。他回来以后，居然说愿意跟日本人划大同江而治，我一听就很生气，把他直接扣下了。"在随后发给朝鲜的一封咨文里，宋应昌公然说："如游击沈惟敬前至倭中扬言，'将平壤与天朝，不与朝鲜'等语……断无此理。"彻底坐实了沈惟敬的罪名。

几乎就在一瞬间，沈惟敬就沦为了人人喊打的阶下囚，从一个英勇的谈判代表变成了伤害中朝人民感情的大奸贼。

明眼人都看得出，这些高级官员们的集体变脸只意味着一件事：

卸磨杀驴。

与日本人谈判，终究是一件不光彩的事情。现在拖延时间的目的已经达到，那么关于和谈本身，便成了一个敏感的禁忌话题。如果这段交往被人翻出来，就算几个知情人说得清楚，也要惹上一身腥膻。尤其是朝鲜人三番五次地在辽东闹腾，反复问这些官员和谈的问题，难保哪句不被传到御史的耳朵里，作为秋后算账的证据。

大明绝对不会承认自己曾经有过谈判的意图，那么和谈需要被解释成是一种个人的违法行为，因此找出一个替罪羊来给朝鲜盟友交代，就显得顺理成章。

大明朝的官员们都是抱团的，擅自处理一个忠心耿耿的官员，会让整个官僚阶层寒心。不过处理沈惟敬，就完全没有这种压力，一个市井无赖而已，是士大夫最鄙视的那种垃圾，死就死吧，一点也不可惜。于是，沈惟敬与小西行长划大同江而治的约定，便从缓兵之计变成了一个现成的罪名。

石星从一开始找到沈惟敬，就抱定了这种打算，在必要时抛出这枚毫无身份的弃子，让他承担一切罪责。沈惟敬虽然是个大骗子，但他没有估计到政治家们的冷酷和绝情。

在许多关于壬辰战争的论著里，研究者们认为沈惟敬在这一时期的议和活动，是大明朝廷主和派的表现，随着李如松入朝日期的临近，这种议和变得毫无必要，因此才夭折。事实上，沈惟敬的和谈行动从一开始便是为了拖延时间，他从未偏离过这个目标，而且大明官员也都心知肚明。

幸亏朝鲜人自己心里不踏实，一次又一次地去辽东询问，并把过程详细地记录在《李朝实录》里，这才让后世之人清楚地看到，一个谈判家如何从英雄变成声名狼藉的汉奸。

沈惟敬本人的遭遇，比他的名声跌落得更惨。

他从平壤返回辽东以后，按照规矩去求见李如松。李如松为了壮军心，表明自己抗战到底的立场，故意排开了大阵，把所有的幕僚都叫了过来。沈惟敬上前把自己在平壤的经历说了一遍，李如松作势大怒，拍着桌子大骂他是个奸细、叛徒，喝令麾下士兵把他绑缚起来，推出去祭旗。

就在这生死存亡之际，一个人大喊："刀下留人！"李如松回头一看，发现喊的人是他的幕僚李应试。李应试是利玛窦的亲传弟子，正宗的天主教徒，此时正在李如松帐下当谋主。

李如松有点纳闷儿，李应试跟沈惟敬并无交情，怎么会替他说话呢？李应试微微一笑，对李如松附耳说了一句话"藉惟敬给倭封而阴袭之，奇计也"。

沈惟敬跟小西行长约定过，李如松会在万历二十一年（1593）正月前往平壤册封。李应试认为这是个好机会，可以让明军冒充册封队伍，趁日军失去警惕时赚开城门，平壤可一鼓而下。

李如松一听，捋髯赞同，命令暂时不要杀死沈惟敬，把他关到囚车里，随大军一起出发渡江。

相信此时沈惟敬心中，一定充满了劫后余生的后怕。在鬼门关转了一遭以后，沈惟敬彻底觉悟了，他意识到一个残酷的事实：自己作为一枚弃子，已经没有任何退路。他想活命，就必须不停地证明自己还有价值，不能停，停下来就会死。

在此后的一系列和谈中，沈惟敬做出了许多常人无法理解的诡异抉择，表现出许多常理无法解释的荒唐行为，让研究者们为之困惑。所有这些举动，都可以从这一刻的沈惟敬身上找到答案。

从现在开始，他必须想尽办法证明自己的存在还有价值，不然他就会死。

沈惟敬这个时候最羡慕的人，大概是那个在海上逍遥自在的程鹏起。

东亚第一骗局（上）

万历二十二年（1594）十二月，内藤如安在北京受到了热烈欢迎，这是几十年来第一位以正式使节身份抵达京城的日本人。石星和主和派的官员都把他当成了和平天使，希望他的到来能够为两国和谈带来一丝曙光。为此，朝廷还特意恩准，允许内藤如安过城楼的时候可以不下马——这已经是王公级别的待遇了。

内藤如安被安置在朝阳门外的成国公庄居住，沈惟敬陪他一起住。这里本是靖难大将、成国公朱能在北京的宅子，八世孙朱世桢早在万历十四年（1586）自杀身亡，目前还没人袭爵，庄子也空着，正好便宜了这个日本人。

盘桓数日，到了十二月十一日，内藤如安终于在午门楼见到了大明最高的统治者万历皇帝。

万历皇帝以会见朝鲜、琉球使臣的礼仪接待内藤如安，排场极大，百官陪班，数百余名盔明甲亮的彪悍将军林立两侧。内藤如安哪里见过这种气势，吓得两股战战，一叩到底，表现得极其恭顺，如同一只见了狮子的绵羊，乖乖奉上了伪造的《关白降表》。万历展卷一读，不禁微微点头。

这降表的语气低三下四、战战兢兢，一副唯恐惹怒大明的姿态。这让万历很是满意。皇帝金银珠宝都不缺，要的就是一个面子。现在既然日本关白把面子送过来了，万历自然是龙颜大悦。

趁着高兴劲儿，万历问了内藤如安几个问题，诸如"秀吉为何侵略朝鲜""战败以后为何赖在朝鲜不走"之类的问题。内藤如安的回答也是老生常谈，无非"朝鲜阻挡我国进贡之路""乞待上朝封赏"之类。万历发话了："让兵部派个人去釜山告诉小西行长，朝鲜不能留兵，当地筑的城堡一律烧毁。"内藤如安跪在地上，指天发誓，信誓旦旦地表示一定会顺从上朝意愿，洗心革面，重新做人。万历大喜，指示说："如果你们能这么听话，那么万事好商量，具体细则去跟石星他们研究一下。"

觐见没多长时间就结束了，皇帝只需要表明个政治态度，具体细节还得让底下的人商议。内藤如安见完万历，在二十日前往左阙门附近的办公室。在那里，石星和赵志皋、吏部尚书孙丕扬等有关部门的大臣向内藤如安正式提出了大明的三个条件：

一、所有日本人都回日本。

二、封秀吉为日本国王，通贡则不许。

三、发誓再不许侵犯朝鲜。

相比起秀吉提出来的那狂妄的"秀七点"来说，万历皇帝已经是相当大度了，既没提惩罚，也不提赔偿，只要你恢复到战前状态，咱们这事就算了。

万历早已经画出了底线："既定釜倭报退，则前局可完；如既封而倭不肯即行，或别有要求，则无再复议一意战守。"意思很明确，你这回要是退了，那么封事如常；如果你还一拖再拖，那咱们就战场见！

对于这三点要求，内藤如安磕巴都没打一个就接受了，于是双方皆大欢喜。

接下来石星又拉着内藤如安闲聊了一会儿，内藤如安有问必答，乖顺得很，只可惜他满嘴胡柴，明摆着就是欺负大明这些当官的，没人了解日本。

《两朝平攘录》里对这一段记载的很详细，特别可乐。

石星问内藤如安："秀吉既然已经统一了日本，干吗不自己称王，要千里迢迢来大明请封？"

内藤如安："秀吉看到朝鲜有封号，人心安服，很羡慕，也要讨一个。"

石星："你们日本我听说有个天皇，又有一个国王，两者是一回事么？"

内藤如安："是啊是啊，都是一回事。可惜天皇已经被织田信长杀了……"

且说内藤如安被打发回家了，朝廷的方针也确定了，一群朝臣开始七嘴八舌地乱出主意。有的建议发起浙闽南直广东四省水军，直接打到日本，捣入倭寇巢穴；有人建议派能言善辩之士，去游说日本其他军阀讨伐秀吉；还有人不知从哪里听说加藤清正与关白不合，可以行离间之计。总之靠谱儿不靠谱儿的提议，一时俱现，煞是热闹。

　　石星对这些提议一概不理，专心和礼部的官员筹备日本封事。恰好这时候前线回报，说有熊川岛的三十六条倭船已经返回日本，石星拍腿大喜，说这回和谈肯定没错了。

　　石星有信心，是因为他相信日本人这次是真心议和。可他越有信心，有人就越没信心……

　　这个没信心的家伙，就是一手炮制了《关白降表》的沈惟敬。

　　沈惟敬听到大明决定册封日本国王的消息，先长舒了一口气，又长叹了一口气。

　　舒气是因为总算把大明朝廷给糊弄住了，叹气是因为接下来还得跟小西行长合计怎么去糊弄秀吉。这个胆大包天的家伙，现在已经把东亚两个大国都骗了，已是骑虎难下，只能继续把谎话编下去。

　　这个国际玩笑越吹越大，越吹越心虚，可又不能不吹。沈惟敬知道，如果他对石星说出实话，恐怕连大门都迈不出去就被砍死了。

　　怎么办？硬着头皮继续骗！

　　万历二十三年（1595）一月三十日，大明朝廷的册封团正式成立，以临淮侯李宗诚为正使，左军都督府署都督金事杨方亨为副使，带着沈惟敬、内藤如安与给秀吉的日本国王金印离开北京，前往日本。

李宗诚是开国元勋李文忠的后人，典型的纨绔子弟，派他出使，主要是看在他爹李言恭的面子上，可以积累点政治资本——万历也罢，石星也罢，都认为这是一趟美差，没什么危险，可以拿来送个人情。

册封使团最先抵达釜山的，是兵部和司仆室的两名官员，他们二月份到了釜山，通知小西行长大明册封使已经出发，让日军赶紧撤军，只留三百人在对马岛候旨。

小西行长与麾下诸将对这个喜讯反响强烈，欢呼雀跃。那两位官员一看，看来日本人是真打算退兵了，便回去写了封报告，极言日军将兵厌战思归，他们唯独忘了数数釜山港的船到底少没少。

册封使团接到官员报告以后，愈加放心，这才慢吞吞地打点行装，开始从北京进发，经辽东、朝鲜前往日本。

这个册封使团代表了天朝的脸面，带的仪仗又多，行进速度相当的慢。沈惟敬在队伍里实在是耐不住内心煎熬，他必须得先跟小西行长通通气，讨论一下怎么应付册封使团与秀吉。

于是他跟李宗诚和杨方亨说我先走一步，看看日本人准备得怎么样了。李、杨二人对日本毫无概念，看到沈惟敬这么忠勤，欣然允准。

四月十九日，沈惟敬先期抵达了釜山，远远地看到一个大明官员在营口等候，大惑不解，待走近了一看，才发现居然是小西行长。原来这位爷听说自己被授了一个指挥的衔，派人订做了一套大明官服，沐猴而冠，喜滋滋地换上衣服来跟沈惟敬同殿为臣。

沈惟敬气坏了，都什么时候了还这样。他身旁还有一个朝鲜官员黄慎跟着，不好多说什么，只得装模作样地跟小西和玄苏和尚吃了一顿饭，然后找了个机会两人单独对谈。

沈惟敬问小西行长，明朝皇帝那边我搞定了，秀吉这边你打算怎么办？

按说小西行长是个生意人，脑子应该极精明才对。可小西没意识到事情的严重性，或者说他认为自己完全可以搞定秀吉，于是大手一挥，说交给我吧，保证等册封正、副使抵达的时候，一个日本人都不会留在釜山。

告别沈惟敬以后，小西行长在四月三十日返回日本，前往名护屋向秀吉汇报。

小西当然不敢把册封使臣的实情讲出来，他只挑好听的说，告诉秀吉大明虽然没全答应"秀七条"，但是却许了一个天大的好处，封秀吉当大明王，册封的使者已经在路上了。秀吉听了，觉得大明王这名号也不错，十分欢喜，连连称赞小西干得漂亮。小西行长趁机进言，说在朝鲜的日军驻扎日久，都很疲敝，如今大明服软，割让朝鲜是早晚的事，不如先把他们撤回来。

秀吉满口答应下来。

到了六月二十六日，小西行长拿着秀吉的撤军令回到釜山，把其他驻朝将领都叫过来，开始分派任务。谁先撤退，谁后撤退，谁负责烧毁倭城，谁负责准备接待，安排得井井有条。

这一下子可惹恼了他的老对头加藤清正。

加藤清正的营里，一直养着一个叫谭宗仁的使者。他是沈惟敬的副手，当初去加藤清正营里交涉，被软禁起来。加藤清正一直通过谭宗仁，与刘綎互相通信联系。加藤清正觉得，且不说这时候该不该撤军议和，就算是和谈，也该是自己的功劳，凭什么给那个药贩子？

于是他的第一军团坚决不走，对于小西行长一次又一次催促不予理睬。小西行长怕加藤扰乱和谈进程，派人通知册封使团，说有个讨厌鬼正闹着别扭，等我把他说服后你们再过来，现在暂时请你们待在汉城。

册封使团于是便停留在汉城，一停就是数月。北京那边的石星等得着急了，心想这大半年都过去了，连接触都没正式接触过，实在太不像话。每次他写信过去问，回答不是"风潮不顺"，就是"宫殿未成"，要么是"礼节未备"，总之有诸般理由。

万历皇帝和其他人就纳闷儿了，怎么日本到朝鲜，十几万大军横渡都没问题；从朝鲜到日本，怎么俩使臣就过不去？

这时候的石星，已经把自己的全部身家都押在了和议之上，只能力排众议，拍着胸脯说绝无问题。他生怕拖得太久，和议之事又要生变数，赶紧派遣了兵备副使杨镐去朝鲜勘实，看看到底怎么回事。

结果杨镐这人太懒，只在辽东转了一圈，回去回报说日本人根本没撤，只是把小营烧毁，合并到大营里去了，似乎没啥诚意。石星对这个回答很不满意，又派了一个叫常鹤的大同守备都司前往釜山查探，常鹤是个实心眼儿，到釜山一看日本人的动静，告诉石星说"倭情变幻，封事不可轻行"。

这都不是石星想要的答案，于是他索性派了两个心腹家人过去调查，一个叫张竹，一个叫王胡子。而且这两个人的目的地也不再是釜山，而是日本。

可以想象，在出发之前，石星肯定对他们面授机宜。于是他们两个在日本和朝鲜转了一圈，得出的结论是没问题。

石星终于等来了自己想要的结果，连连催促李、杨二人尽快去日本。

迫于兵部的压力，李宗诚和杨方亨一合计，决定分成两波。第一波由杨方亨带队，在十月份来到釜山。杨方亨在釜山视察了一圈，发现之前撤回日本的都是些老弱病残，主力根本没动窝。更奇怪的是，其他营地里的日军——尤其是加藤军团的人——根本不知道撤退的事，言语之间还对小西行长诸多不屑。

杨方亨去找小西质问，小西行长的解释是："除了万历皇帝约定的那三条，我们没有其他要求。其他人的话您别轻信。我们兵多辎重多，一时半会儿搬不完。"杨方亨将信将疑，但李宗诚却相信了，欣然赶往釜山与副使会合。

小西行长一看正、副二使都进了釜山城，这心里才算踏实。他以前在平壤城吃了李如松诈称册封使的亏，变得多疑谨慎，生怕大明又搞这一套。

李、杨二人进了釜山军营，催促日军赶紧撤退。小西行长对李、杨二人说，日军已经撤了一部分，大规模撤退还得等关白大人定夺，渡海禀报得花点时间，你们多等几天就是。

稳住明使以后，小西行长找来沈惟敬，开始了他们惊天大骗局的关键一步。

两个人分头行动，小西行长去派人禀告秀吉，说大明的使团已经抵达釜山，随时可以渡海册封。秀吉一听，挺高兴，说既然来了，就赶紧送过来吧。

而沈惟敬去找李、杨两位使者，他说倭寇都是土包子，根本不知道礼仪，如果贸然前往册封，恐怕会闹出笑话失了大明体面，不如先派人带着道具过去，教他们演练一番，免得临场出错。

李、杨一听，觉得有点道理，说那老沈你就辛苦一趟。

万历二十四年（1596）年初，沈惟敬带着蟒龙衣、玉带、翼善冠、大明地图、武经七书等册封礼品，踏上开往日本的大船，还在船头竖了一面大旗，上书四字："调戢两国"。他还让人从辽东军中调拨二百七十七匹马匹，装载上船运到日本南戈崖，名义上是供随从骑乘，其实是要送给秀吉作见面礼。

至此，小西行长与沈惟敬的打算已经很明显了。他们打算让沈惟敬冒充大明使臣，先对秀吉表示恭顺投降之意，把关白老大人糊弄过去。

从伪造《关白降表》开始，这两个家伙的计划就带着一个显著特点：他们的每一步动作都是为了解决眼前的危机，却根本没有长远考虑。比如沈惟敬这次冒充明使，可以一时瞒住秀吉，可秀吉早晚要让大明按照"秀七条"出让半个朝鲜，到时候一定会露馅儿；两位明使也不是傻瓜，他们一时半会儿可以被滞留在釜山，可时间一长见不到秀吉，迟早会觉察到不对劲。

这些根本矛盾的爆发是一定的，小西和沈惟敬做的一切努力，只是饮鸩止渴。

沈惟敬实在是被逼无奈，因为只有和谈能证明自己的价值，和谈一旦破裂，自己就会死无葬身之地。为了活下去，他不得不一次又一次收紧系在自己脖颈上的绳索。

而小西行长呢？

秀吉在这时期已经罹患严重的厌食症，体重一直在减轻，时日无多。秀吉的继承人秀赖尚在襁褓之内，如果秀吉病逝，几乎可以肯定会由石田三成与加藤清正中的一个人来行使监护与摄政大权。小西行长与石田三成同属文治派，与加藤清正为首的武断派一直在明争暗斗，为秀吉身后的权利再分配做准备。

如果假冒明使的沈惟敬答应秀吉的一切无礼要求，秀吉一定大为高兴，对小西行长更加倚重，让文治派在政治上占有更多主动。

至于这个骗局会不会因为无法执行而败露，小西行长并不担心。中日双方光是和谈就花了两三年时间，执行"秀七条"少说也得五年时间，只要他稍微拖延一下，糊弄一下，等到秀吉一死，便不会再有人追究。

这件事虽是小西东奔西走，背后却一直有文治派的影子。

文治派的几个主力干将石田三成、大谷吉继等人，都知道小西的这些勾当，并保持着密切联系。想想就能明白，秀吉最信赖的人之一是石田三成，若没有文治派的配合，小西行长绝不可能把秀吉唬住这么长时间——所以与其说这是小西与沈惟敬折腾出的闹剧，倒不如说是文治派试图控制秀吉的谋略之一。

文治派的计算不可谓不缜密，可越是缜密的计划，一旦出现变数，就越容易崩溃。

变数，而且是一个谁也没预料到的变数很快便出现了。

东亚第一骗局（下）

在当时的釜山日军队伍中，除了日本人和朝鲜人以外，还有许多被掳掠到日本的明人，他们要么当最低级的足轻，要么像张大膳一样担任通事。

沈惟敬离开以后，李宗诚一直居住在釜山城内。四月二日，他见到了两个福建人。这两个人一个叫萧鹤鸣，一个叫王三畏，都在日军内部供职，特地前来禀报大明使节一个可怕的消息。

萧鹤鸣和王三畏告诉李宗诚：秀吉并无乞和之心，打算派兵把两位使节抓起来，向大明索取贿赂，再次开战。他们甚至打听出了"秀七条"的详细条款，和盘托出。

秀吉的强硬态度在日本不算秘密，军中传言已久，萧鹤鸣和王三畏知道不足为奇。只是不知道他们冒着偌大风险通报给明使，是出于爱国之心，还是希望立功赎罪，返回大明。

萧、王带来的这个消息把李宗诚吓得肝胆俱裂。他不过是一个纨绔子弟，吟诗作对还能勉强应付，现在忽然要面对刀兵，心态大变，草木皆兵。日军的每一个细微举动，在李宗诚眼里都变得十分可疑，他惶惶不可终日，感觉随时会有凶悍的倭寇闯进营盘。

经过一夜的煎熬，李宗诚做了一个十分愚蠢的决定——出逃。

一位皇帝亲自委派的堂堂大明使节，居然临阵脱逃，这可真是外交上的大笑话。

四月三日的二更时分，李宗诚没有惊动杨方亨，偷偷叫了自己的几个亲信家丁，扛着包袱戴好面纱，打扮成普通官吏的模样。他告诉守釜山城门的日本卫兵，说有紧急公文要送出去。卫兵信以为真，就把城门打开，放他们出去。

李宗诚离开釜山城，一路往着庆州方向走，结果因为天黑而迷路了，歪打误撞到了蔚山。蔚山是加藤清正的防区，李宗诚没敢多加停留，连跑带跳地一头扎进附近的深山，然后又迷路了。他足足转悠了三天，也饿了三天，好不容易碰到朝鲜人的巡逻队，才算抵达庆州。

李宗诚离开以后，一直到第二天早上才被日本人发觉。当时小西行长回日本了，釜山兵事由宗义智代理。宗义智一听正使跑了，大惊失色，连忙派了重兵团团围住杨方亨的住所。

杨方亨是武举出身，胆气比李宗诚强多了，他一听正使逃了，十分镇定，继续在强兵环伺之下睡大头觉。宗义智一看这位副使如此沉得住气，便下令撤去守卫，自己亲自走进屋去，告诉杨方亨："你家正使跑路了。"

杨方亨还是一副波澜不兴的表情："那个傻瓜没见过什么世面，又在军营里待得太久了，所以才跑路的。"他向宗义智提了两条要求：第一，不得对使团动粗；第二，不要去追击李宗诚。宗义智都答应了。杨方亨又把使团的人都叫过来，说现在我是使团的最高长官，以后都听我指挥。他的沉稳让混乱的使团恢复了正常。

处理完这一切以后，杨方亨前往李宗诚的住所，发现这位正使走得匆忙，最为重要的册封金印还扔在屋里。杨方亨把金印捧在怀里，展示给周围的日本人看。宗义智看到印信还在，这才松了一口气，对杨方亨处变不惊的态度佩服不已。

李宗诚逃回汉城，把萧鹤鸣和王三畏传出来的"秀七条"

一五一十地报告给了朝廷。万历听说以后，勃然大怒，既恼李宗诚的丢人现眼，又恨日本人出尔反尔。李宗诚直接被锦衣卫逮捕下狱，押回北京慢慢审问。

"秀七条"的公布，在北京引起了轩然大波。明廷百官一片哗然，争相上本弹劾，请停封事。弹劾的最高潮，是右佥都御史曹学程的上本。在这本奏折里，曹学程把矛头直接指向了石星和首辅赵志皋，把两位大臣骂得狗血淋头，要求他们负全责。

万历皇帝的反应出乎意料，他把曹学程下了狱，禁止继续谈论这件事。

万历皇帝这么做，有三个原因。

第一，李宗诚证词里提供的"秀七条"要求太过荒谬，和"万历三条"之间天渊之别，万历皇帝不知道其中沈惟敬与小西行长挖的"陷阱"，还以为"万历三条"提出在先，"秀七条"变卦在后，觉得倭寇前后态度变化太大，肯定有问题。在弄清楚之前，不能定下结论，贸然开战。

第二，赵志皋是万历面对群臣最好用的一块挡箭牌，这几年来替他挡了不少批评，万历一时半会儿还不愿意放弃这么好使的一块盾牌，赵志皋几次要告老还乡都没被批准。现在万历自然不会允许别人用日本做文章。

第三，内藤如安是万历亲自接见的；册封秀吉是万历亲自做的决策。现在如果爆出日本拒绝册封的消息，丢的是大明的面子，抽的是万历的脸。这更是不允许的。

所以，无论万历心里有多不愿意，他必须要在明面里摆出姿态，维持和谈。

比万历还痛苦的是石星，他听到"秀七条"以后，隐约感觉到了一丝不妙，可他已经完全站在了和议的船上，下都下不来了。石星唯一能做的，就是硬着头皮继续为沈惟敬打包票。

这时候，一根救命稻草漂到了万历和石星面前。

在李宗诚跑回来以后，杨方亨很快也写了份报告回奏朝廷。在报告里，杨方亨认为李宗诚是误听谣言，不辨真伪，再加上加藤清正蓄意阻挠——这条是应沈惟敬和小西行长要求加上的——以致酿成出逃事件。他在报告里特意强调，据宗义智说，秀吉正在修建迎接明使的馆舍，马上就完工了——注意，杨方亨一直在釜山营中，他的消息来源都是日军将领，这其中真伪难辨。

可万历和石星已经顾不上分辨真伪。他们以杨方亨的报告为证据，认为所谓"秀七条"是未经查实的谣言，册封应该继续。于是，兵部向万历皇帝建议，另外派遣一名使者与杨方亨会合，继续执行册封事宜，同时饬令驻朝鲜与辽东的明军做好战备工作。

可这时候从北京派人已经来不及了，石星索性把沈惟敬就地提拔为副使，杨方亨升为正使。这个举动，表明石星和沈惟敬已经是一根绳子上的蚂蚱，一损俱损，一荣……未必俱荣。石星心里已经把沈惟敬骂了几十万遍，一旦解套，他肯定第一个不放过这个老骗子。

北京的命令送到釜山的同时，沈惟敬恰好刚从日本返回。他这几个月在日本到底干了什么，有没有冒充大明使节，秀吉有没有排练好礼仪，谁也不知道。但沈惟敬一回釜山，日军立刻撤走了西生浦、竹岛的守军，说明他与小西行长又有了密议。

杨方亨此时也有点起急了，想赶紧去日本把这事了结。他不再执着于日本全部撤兵，一看到西生浦、竹岛的守军撤退，便表示尽快启程前往日本。

沈惟敬把明使这边搞定的同时，小西行长传来好消息，最后一个阻碍他们计划的加藤清正也完蛋了。

李宗诚的出逃，对日本人来说是个完全没准备的意外事件。但小西脑子太好使了，最擅长抓住突如其来的机会，出逃事件一发生，他便意识到这是一个扳倒加藤清正的绝好机会。

小西行长返回日本以后，通过石田三成向秀吉告了加藤清正一记黑状，罪名有三：第一，当着朝鲜人的面对小西行长出言不逊，长他们志气灭自己威风；第二，在跟刘𬬸的书信来往中自称丰臣清正，属于僭越；第三，御下不力，纵容自己的部属去抢劫明使，以致李宗诚逃跑。

前两条罪名，属于可大可小的变量，单拿出来都不算大事，但如果跟别的罪名一结合，便会有翻倍的效果。所以真正厉害的杀着，是第三条罪名。秀吉对于明朝投降一事十分关心，一听说清正这个兔崽子把明朝派来请安的使者吓跑了，大为恼怒，连带着"自称丰臣"和"嘲笑小西"三罪并发，干脆一纸调令把他调回国，关在伏见城里听候发落。

加藤清正是秀吉看着长大的，感情十分深笃，这次惩罚如此之重，可见秀吉是真怒了。

搬走了最后一个障碍，六月十五日，大明正副二使加上朝鲜通信使黄慎离开釜山，经过半个月的长途跋涉，于七月初抵达伏见城。

伏见城位于京都附近的伏见山上，是秀吉常驻的大本营。使团抵达以后，却没有立刻得到接见，因为秀吉听说朝鲜只派了通信使，却没按照要求送来一位王子当人质，很不高兴，便吩咐安排使臣住在新修建的馆舍里，不着急安排见面，打算晾一晾他们再说，

这一晾，晾出个大麻烦，地震了……

万历二十四年（1596）七月，京都地区发生了一场大地震。这场地震的规模极大，几乎把京都附近夷为平地，方圆百里之内的房屋，几乎全都不存。就连坚固的伏见城也经受不住，轰然坍塌，压死了数百人——总算是秀吉运气好，当时不在城中。当时伏见城的牢房也震塌了，加藤清正趁机跑了出来，大叫大嚷要保护秀吉。这一举动博得了秀吉的好感，再加上清正是秀吉正室宁宁从小养大的，宁宁也站出来求情，于是秀吉便解除了他的禁足令，回到朝鲜前线。

大明使臣们也被这场天灾波及了。地震发生的时候，他们正待在新建的欢迎馆舍里。幸亏房子比较新，相对结实，给了一点缓冲时间。这些人一窝蜂地跑出屋子，惊魂未定，馆舍就在身后倒塌。清点人数，高级官员们都没事，只是被压死了一个千总、一个差官和四个家丁。

杨方亨大难不死，心里倒挺高兴。地震是不祥之兆，日本发动不义战争，合该有此报应。如果秀吉看到上天对他的恶行发怒，一定会乖乖地收起野心接受册封。

可惜秀吉没如杨方亨所愿那样改过自新，洗心革面，他唯一改变的，只有接见地点。

这场地震给日本造成了极大的损失，大灾之后诸事烦扰，秀吉一直忙碌到八月底，才对大明使臣团下了通知，决定在九月二日接

见大明使臣，地点则从已经不存在的伏见城改到了大阪城，不过却拒绝了朝鲜通信使的陪同。

无论如何，秀吉总算是肯见大明使团了，这总是件好事。

杨方亨不知道，这时候沈惟敬与小西行长已经在紧锣密鼓地筹备他们计划的最后一步，也是最凶险的一步。

九月一日一早，五大佬之一的毛利辉元亲自前往明使下榻之处，客客气气带着明使们前往大阪城正殿。在正殿里，五大佬、五奉行等丰臣政权的有力大名们已经齐聚一堂，一起屏息宁气等着册封仪式开始。

在这之前，沈惟敬已经告诉杨方亨，日本国情不同，尽量简化大明礼仪，早点册封完早点回国。所以杨方亨没有走那么一套繁文缛节，手持节旄站在正中，沈惟敬手捧金印陪在一旁，还有一个护敕官徐登归拿着诰命、敕谕和冕服。

他们等了半天，远处的黄缦帘子徐徐拉开，一个瘦小干枯的老头儿拄着拐杖慢慢走出来。秀吉此时的身体健康已经堪忧，不得不让两个侍从左右扶着。可是关白老爷的官威犹在，他一出场，殿内侍卫一起呐喊，颇有些气势。

秀吉到了座位上，刚一坐定。沈惟敬忽然扑通跪倒在地，朝着日本的最高统治者匍匐叩头。这一举动让杨方亨惊呆了，他们手里拿的是万历皇帝的节旄，代表的是大明皇帝的意志，是不需要向任何人叩拜的，可这个沈惟敬怎么膝盖这么软？这是哪门子册封的礼节？

杨方亨想不通，沈惟敬心里却是明镜儿一般。他知道，在秀吉心目中，他们这些人是来册封"大明王"的降臣，叩头是分内的事。为了不让事情穿帮，他也只能这么做。沈惟敬不光自己叩头，还回头瞪杨方亨，让他也赶紧跪下。杨方亨没办法，勉为其难也行了个礼，却不肯叩头。

这个举动让秀吉很不高兴，当场就要借朝鲜人不派王子做人质的事发脾气。小西行长见状不妙，赶紧对秀吉说："这都是大明来送礼的人，看在那些礼品的分上，也得好好接待才是。"经过劝解，秀吉总算气消了点，但也没了继续接见的兴致，袖子一摆，让随从把金印、诰命、敕谕和冕服之类的东西收好，然后离席而去。小西行长告诉明使，今天先到这儿，明天继续。

到了第二天，按照日程安排，应该是秀吉宴请大明使臣。这次更有意思，所有的大名都特意换上了明朝服饰，煞有介事地聚在一起，好像在金銮大殿上朝议事一般。

前头吃吃喝喝，后头却很紧张。秀吉在别殿接见了沈惟敬和小西行长，这两个人你一言我一语，说了半天才把秀吉劝住，说只要册封仪式完毕，朝鲜人一定会乖乖过来输诚。从别殿离开之后，沈惟敬问小西行长："还差最后一步，你靠谱不靠谱？"小西行长回答："我都安排好了。"

宴会结束后，该是宣读册封诏书的重头戏了。秀吉为了表示重视，把仪式现场移到了花畠山庄，德川家康等人也都跟了过去，要见证这激动人心的一刻。

按照流程，首先是杨方亨宣读诏书，再由通晓汉文的僧侣西笑承兑翻译成日文，当众转达给秀吉与诸位大名。这个西笑承兑，是小西行长安排的关键人物。小西行长事先已经跟他打好招呼了，说如果看到有让秀吉生气的句子，请略过不译。

小西行长是欺负在场的没人懂中文与日文，打算玩一手瞒天过海的计策。杨方亨念的是册封日本国王，秀吉听的是册封大明王，这事就糊弄过去了。

可西笑承兑不知是紧张，还是压根儿没打算配合小西行长，在众目睽睽之下一字一句把万历皇帝的诏书忠实地译了出来。

秀吉不懂中文，但承兑翻译得太好了，用日文完美地表达出了中文的意思。其中有两句话是关键。

一句是"封尔为日本国王"；一句是"固藩卫于天朝"。万历皇帝连职称带职务都给秀吉安排好了——这对于狂妄地要侵占整个东亚的秀吉来说，是极其大的侮辱。秀吉的怒气简直是无以复加，他把诏书扔在地上——在一些史料里，还提及他把诏书撕裂，把头顶的明冠摔碎——大声冲着杨方亨嚷道："我本来就是日本的天下人，还用得着大明来封这个头衔？我要的是大明王！大明王！"（吾以武威治日本，何须明之封吾为日本王？吾欲灭明国，大明国王求和，说要奉吾为大明皇帝是以答应和谈。而今却以封日本王来欺吾。）

秀吉气得浑身哆嗦，意识到自己可能上了当，而且还是大当。他想起这是小西一力撮合而成的事，便红着眼睛到处找小西。

小西行长在一旁吓得直哆嗦，承兑的临场不给力让他的全盘计划落空，现在他必须要承受秀吉的滔天怒火。秀吉看见小西行长，生气地说我要非斩了你不可！

小西行长连连叩头，说这些事都是石田、大谷几个人跟我商量着干的，不是我一个人独断专行。他唯恐秀吉不相信，还拿出一大堆来往文书——看来小西真是个精细性子，早做好了事情败露的准备，不然他参加宴会干吗随身揣那么多信？

西笑承兑心怀愧疚，心想是我害了小西君。他走上前去，劝秀吉不要动怒滥杀。石田、大谷等人也算讲义气，把这事认了下来，好说歹说，总算保住了小西行长的性命。这么一闹腾，宴会自然也开不成了，大家不欢而散。

杨方亨看到秀吉先扔诏书，后骂小西，他不懂日文，看得有些莫名其妙；沈惟敬在一旁哪敢多嘴解释，赶紧拽着杨方亨离开大阪城，回了馆驿。回去以后，杨方亨问沈惟敬到底怎么回事。沈惟敬面不改色地说秀吉是因为朝鲜人不派规格高的使臣来，所以生气了。杨方亨将信将疑，也未深究。

第二天一早，沈惟敬传话给通信使黄慎，撒了一大篇谎话，说昨天关白告诉我了，怪你们朝鲜人拖拖拉拉不肯配合议和，所以人家要再次发兵攻打你们。他紧接着又扮好人，说幸亏我当时喝止了秀吉，训了他一顿，日本既然受封藩国，就与朝鲜是兄弟之邦。兄弟之邦怎么能再打架？

说到最后，沈惟敬拍着胸脯说你放心，我这次不把秀吉的事搞定，就不走了。

沈惟敬这一通瞎话说出来，当真是气不涌出，面不更色。能看得出来，他是准备把册封失败的黑锅扣到朝鲜人头上，减轻自己归国以后的罪愆。黄慎听了，总觉得不对劲，但根本不敢宣诸于口，满腹心思都在担心朝鲜接下来的命运。

他的担心不是没有道理的。九月九日，柳川调信跑来偷偷告诉黄慎，说秀吉昨天召见了加藤清正，加藤清正拍胸脯说"朝鲜人不送王子来也罢，我亲自去再抓两个来"。秀吉很高兴，让他二月渡海进攻朝鲜。

黄慎听了报信，吓得魂飞魄散，连忙告诉大明两位使节，却被沈惟敬好一通嘲弄，说他是杞人忧天。

又过了几天，使团又听到一个新消息：黑田长政在丰前，加藤清正在肥后，两员大将厉兵秣马，准备出征。这个时候沈惟敬仍旧强作镇定，安慰杨方亨说没事没事。

刚说完没事，事就来了……

秀吉派人给使团送来一封书信。信中秀吉把朝鲜人狠狠骂了一通，列数了三道罪状，声称一定要给他们个教训。

大明、朝鲜使团一听这个消息，知道这次出使是彻底失败了。他们现在唯一能做的，就是趁着日本人还讲道理的时候赶紧离开。

小西行长还算讲义气，派柳川调信一路跟随，颇为照顾。十一月底十二月初，大明、朝鲜使团终于安全地返回了釜山港。小西行长命令宗义智好生招待，还备下不少礼物，图个买卖不成仁义在，没有多加为难，放归汉城。这时候，已经是万历二十五年（1597）的正月了，距离册封团成立之日的万历二十三年（1595）一月三十日，已经足足过去了两年……

人是回来了，可该怎么跟朝廷解释呢？

黄慎是个精明人，这一路上把原来没想通的事都打听得差不多了。他毫不客气，一五一十地把出使情况汇报给了朝鲜高层。虽然他因为出使失败而被贬官处罚，但这份报告却被保留下来，送到了北京。

而明使方面，则只有杨方亨先返回北京，副使沈惟敬却借口与日本和谈未完，暂时留在汉城——到了这时候，这位沈大官人，居然还在酝酿着这么蒙混过关！

沈惟敬知道杨方亨这个人是君子，沉稳有余而精明不足。他欺负杨方亨不懂日文，告诉他秀吉已经回心转意接受册封，您可以放心地告诉皇帝，咱们在九月二日在大阪城已经顺利册封了日本国王，叫朝廷不必担心。

杨方亨一听急了，这是欺君之罪！按照规矩，册封完以后，秀吉应该要有一封谢表给万历，谢表哪儿弄去？

沈惟敬一拍胸脯："我在这儿等着他们送过来，你先回去就是。"

杨方亨未必不明白沈惟敬在说瞎话，可他心里也明白，这次回北京如果说出实情，一顿板子是免不了的。人总是倾向于相信自己愿意相信的话，于是杨方亨同意了沈惟敬的计划。

杨方亨先修书一封给北京，说金印、冕服什么的已经被日方接受，谢表稍后附上云云，然后留沈惟敬一个人在庆州，自己先回国了。

杨方亨不知道沈惟敬从头到尾没说过一句实话；他更不知道，沈惟敬曾经伪造过《关白降表》去欺骗朝廷。

连《关白降表》都敢伪造，再伪造一份《日本国王谢表》，算得了什么？

沈惟敬很快弄好了谢表，派人送归北京。他自己却仍旧不肯回国，反而每天往返于釜山与宜宁之间。他打的旗号是与倭人联络沟通，其实已经做好了流亡的准备。这事若是蒙混过去则罢了；若是蒙混不过去，他就拔腿投了日本人，当个正牌汉奸。

万历皇帝在北京先看到了杨方亨的报告，却没看到谢表，已经起了疑心；既而收到朝鲜方面的黄慎报告，更是疑窦大起。

恰好这时候沈惟敬伪造的谢表送到，诸臣一传阅，被一个小小的兵科给事中徐成楚看出了破绽。徐成楚指出，这谢表里又没有年月日，又没有丰臣秀吉的画押签注，粗制滥造，殊为可疑。万历看到言官的上书，叫来石星与杨方亨质问，两个人不明就里，只得辩解说日本粗鄙不堪尚未开化，写的东西不符合中华体例云云。

又过了几天，万历中止了调查。

因为辽东军区传来了一个惊天的消息。在万历二十五年（1597）的正月十四日，加藤清正带着两百条船气势汹汹地登陆机张，对朝鲜军控制的梁山一线发起了攻击。

战争，再度爆发！

日本人都打过来了，那么这份谢表的真伪也就不必研究了。

大明帝国几百个精英官僚，居然被几个宵小之辈欺骗了四年多！那些汗牛充栋的"封贡"大讨论，只是毫无意义的闹剧；册封使臣的行动，更是沦为一场笑话。自从土木堡之来，大明帝国还从来没如此颜面尽丧过。

万历和诸多臣僚都怒极发狂，各路弹劾奏章如滔天巨浪朝着石星、杨方亨和沈惟敬扑来。其中骂的最具代表性的，是工部都水司郎中岳元声，他把矛头直指石星，总结出石星的三辱四耻五难七事：

哪三辱？祖承训在平壤全军覆没；李如松碧蹄馆丧师退兵；宋应昌密谋受和。

哪四耻？内藤如安到北京过阙不下马；石星卑辞厚赠；沈惟敬主盟赴约；李宗城黑夜逃走。

哪五难？石星偷偷派人给秀吉置办了一套蟒衣金币；李宗诚带了三百匹马过海去讨好倭寇；杨方亨捏造军情；刘綎的驻朝部队被裁撤；诸龙光被杀，南兵被杀，凶手王保却继续高官厚爵。

哪七事？就是秀吉的"秀七条"。

这些罪状里有些是石星的责任，有些不是，不过谁也不会在乎这些细枝末节：你是兵部尚书，出了这么大娄子，不怪你怪谁？

石星面对汹汹的弹劾浪潮，干脆自请亲自赶赴日本去阻止开战——这种话都说得出来，说明石星已经是方寸大乱了——万历皇帝理所当然地驳回了这个请求，因为马上会有一个大活动，石星身为主角不能不出席。

万历二十五年（1597）三月，万历皇帝命令刑部尚书萧大亨会聚九卿科道诸官，搞一个大会审，彻底查查是怎么回事。

这次会审大概是有明以来审得最认真最仔细的一次。刑部把这些年来所有的往来文书都翻腾出来，一封一封地对质，一个细节一个细节地抠，一个人接一个人地提审。小西行长和沈惟敬的计划本来就是漏洞百出，经不起认真推敲，经过这么仔细地彻查，他们前后欺上瞒下的种种劣迹终于真相大白。

会审的结果是：杨方亨革职，永不叙用；石星推荐的辽东经略孙矿革职，回职听勘。

至于石星，他级别太高，萧大亨不敢自作主张，批了一个革职候旨，请皇上定夺。不过萧大亨有心替同僚说些好话，在上奏里表达了自己的意见，认为石星只是轻听误国。可是到了首辅赵志皋那里，味道就变了。

石星的议和活动都是在赵志皋支持下搞起来的，如果要追究责任，赵志皋也脱不了干系。许多官员早就看不惯这个老东西，弹劾的时候不忘捎带着骂赵志皋一顿。

赵志皋为了自保，上疏说这些事我都不知道，全是石星一个人偷偷摸摸搞起来的。石星明知道赵志皋落井下石，可是他不敢随便攀咬。这是官场的潜规则，你自己把责任扛了，妻子家人还能有人罩着；你如果胡乱把别人扯下水，便是个一拍两散的局。

群臣对石星意见汹涌，首辅落井下石，而皇帝的态度更加坚决。

万历皇帝对石星的不满到了极点。办事不力，这是能力问题；撒谎撩屁，这就是人品问题了。皇帝不恨无能，不恨贪渎，最恨的是不忠。本来在开战之初，石星与万历配合得十分默契，第一次援朝时也办得尽心竭力。怎么你这浓眉大眼的，也叛变革命了呢？

恰好这时候南原战败的消息传到京城，朝野震动。于是万历痛恨交加，给石星罪加一等，说他"诳贼酿患，欺君误国"。直接下狱论死，家人发配到广西柳州卫所。那会儿广西还是遍地土司的蛮荒之所，移居过去对孤儿寡母来说是九死一生。

石星枯坐在京城的监狱里，自己四十余年的宦海生涯居然就这么结束。当年他在北京的旮旯里翻出沈惟敬的时候，可没想到这老东西会惹出如此之大的麻烦。石星是个读书人，不希望被押出去在众目睽睽之下砍掉脑袋。他决定体面地结束自己的一生，开始绝食——他这次成功了。

数年前还风光不可一世的兵部尚书，就这么活活饿死在了监狱之中。

很多人对石星在战争前后大相径庭的表现感到惊讶，一个力排众议坚决开战的抗日名臣，为何会沦落成一个一味曲意媚日的主和派呢？

他们既高估了石星，也低估了石星。石星对日开战不是出于高尚的民族觉悟，对日和谈也不是出于天生的汉奸贱骨头，他这一切所作所为看似矛盾，实际都是有一个动机一而贯之——好官我自为之。

石星年轻时候以直言而著名，经过嘉靖、隆庆、万历三朝的磨砺，棱角已被磨去，他变成大明朝众多碌碌官僚中的一员。这些官僚最显著的特点，是不求有功，但求无过，最好什么风险都不担，一直到告老乞归，衣锦还乡。

六大部之中，要属兵部尚书最难做。兵部负责的是打仗，只要一打仗，就一定会存在风险。当初石星被委任为兵部尚书，打心眼儿里不愿意干，好几次请辞都没被批准。如何规避风险，成了石星在任上的主要课题。

初期石星对日力主开战，不是出自自己的判断，而是因为万历皇帝力主开战——紧跟皇帝的决策当然最安全。当时的石星，其实没把日本当成多大的麻烦，不然也不会漫不经心地找一个市井无赖沈惟敬去负责和谈。在他的想象里，这不过是一次中等规模的军事行动，只消明军入朝打上几场胜仗，记下几笔功勋，就足够了。

可是日军的顽强远远超出了石星的预计。宋应昌、李如松在朝鲜战场表现不错，可每一场仗都打得危机四伏。作为兵部最高决策者，石星深知其中凶险，他不想冒着崩盘的危险继续打下去，胜了固然好，若是败了，他难辞其咎，风险太大。

出于这种保守心态，和谈成了他必然的也是必须的选择。

所以他的一切矛盾行为——对宋应昌态度的变化，对南军态度的变化，对沈惟敬态度的变化等——归根到底都是为了同一个目的：风险规避。因此即使沈惟敬的谎言漏洞百出，石星也不愿意或不敢去多想，只得这么一条道儿陪着沈惟敬走到了黑⋯⋯

石星不是个坏人，甚至不是无能之人，作为萧规曹随的守成之臣他表现得很出色。如果生逢盛世，石星也许可以安稳地做完兵部尚书，甚至进一步入阁。他落得这么一个结局，除了要归咎于性格上的弱点以外，大概也只能说是生不逢时吧。

现在石星死了，杨方亨、李宗诚等人受了惩处，孙矿、谢用梓、徐一贯等相关人员也各有处理。而这起"封贡"闹剧的始作俑者沈惟敬呢？

万历把石星革职以后，由萧大亨暂时代理兵部事务，兵部左侍郎邢玠接替孙矿担当经略一职，辽东布政使杨镐担任经理朝鲜事务，与李如松齐名的回族名将麻贵担任御倭总兵官，各地调集人马，准备二次援朝。

而邢玠走马上任的第一件工作，便是捉拿沈惟敬。

这可不是一件容易的工作。沈惟敬一直待在釜山附近，有点风吹草动，便能立刻逃入倭营中。一旦让他投靠了日本人，朝廷最后一点脸面可就挂不住了。当时明军在朝鲜兵力不多，只有驻守南原的辽东军杨元和南兵吴惟忠，其中杨元和沈惟敬比较接近。邢玠为免打草惊蛇，叮嘱杨元要秘密逮捕之。

杨元接了任务，表面上若无其事，暗地里开始跟踪沈惟敬的行止。他发现沈惟敬带着一个三百多人的小营，只在宜宁、庆州附近活动。

171

杨元决定先解除他的武装，假借驻军将领的名义，偷偷以移营、换防为借口，把他身边的人更换一空。其实沈惟敬在军中毫无根基，杨元这么做只是为了预防万一。捉拿沈惟敬是头等大事，不能有一丝疏忽。

日军此时已登陆半岛，开始展开作战。沈惟敬虽不知杨元到来，但多少听到些北京巨变的风声。骗子天生敏感的嗅觉让他惶惶不安，开始琢磨着投奔小西行长。

小西行长绝对是个讲义气的好哥们儿，他听说沈惟敬在大明混不下去了，立刻派了柳川调信和五百名士兵，分坐九条船去接应。沈惟敬看到日军有接应，大喜过望，收拾收拾行李，悄悄离开宜宁驻地，朝着釜山逃亡而去。

这个动向立刻被杨元的眼线侦知。杨元二话不说，率领六名辽东骑兵风驰电掣地追击而去。辽东军别的不行，若比起速度，在东亚根本没有敌手。他们从南原星夜疾驰，一路追过宜宁十里路的丹溪境内，正看到沈惟敬带着细软赶着马车慢慢溜达着呢。

沈惟敬这几年可赚得不少，装了足足一马车，严重影响了逃亡的速度。杨元一见大喜，追赶上去，还有心情弄一出猫玩老鼠的游戏，假装问他倭寇情形如何？沈惟敬带着一丝侥幸回答："成不得了。"杨元说既然成不得了，干吗不到我那儿去回报？

沈惟敬到了这时候还想骗，说加藤清正派了人去庆州谈判，我得赶去办事，怎么也得待一个半月吧。杨元玩儿够了，面色一变，六名辽东骑兵如狼似虎地扑了上去，沈惟敬一个风烛残年的老头子，哪里抵挡得住，直接被抓了一个正着。

沈惟敬落到明军手里以后，杨元没敢多留，立刻打造囚车，派了重兵护送这位大骗子回辽东。这时候已经是万历二十五年（1597）七月，朝鲜半岛很快就要迎来丁酉再乱的第一次高潮。

令人佩服的是，沈惟敬一直到了这时候，仍旧表现出极佳的心理素质。他没有像石星一样失魂落魄，一蹶不振，居然仍旧在积极求生——他不知走了什么门路，搭上了山东按察使萧应宫的线，重金贿赂，希望他能给自己说说好话。

萧应宫和沈惟敬是老乡，是个见钱眼开的货，也不问这事有多严重，收了沈惟敬的好处以后，便派了一个叫丁应泰的幕僚——这人后来在丁酉再乱里也掀起轩然大波，此是后话，暂且不表——到邢玠那里去求情。邢玠一看，愣住了，沈惟敬是朝廷指名要抓的钦犯，这种高压线他都敢说好话，是嫌命长了吗？

邢玠没客气，把求情书信直接上交朝廷。很快御史们就把这个要钱不要命的萧应宫参倒，削去职衔，滚回家去了。

沈惟敬被押送回北京以后，直接下了锦衣卫的诏狱。所有人都认为，这个骗子死定了。可是沈惟敬在监狱里，仍旧表现出坚韧的求生意志，他不像石星为了名节宁可饿死。他该吃就吃，该喝就喝，只要一天不死，就要挣扎着活下去。

奇怪的是，万历一直没有下达处死他的命令，于是沈惟敬在诏狱里一待就是两年。

这种平静生活一直持续到了万历二十七年（1599）四月。取得全面胜利的大明军队班师回朝，万历皇帝除了祭告郊庙、大赏功臣以外，还搞了一次公开处决，处决对象包括日本俘虏、通倭汉奸和作战不力的明军将兵。

沈惟敬赫然列在通倭汉奸名单之首，被判弃市。这位大骗子终于结束了自己的奇妙一生。

跟沈惟敬同时问斩的，居然还有亲手捉拿到他的杨元。而他倒大霉的其中一个关键因素，正是因为沈惟敬。

原来沈惟敬被捕之后，对杨元极为痛恨，他偷偷派遣娄国安潜入日军阵营，告诉小西行长，杨元驻扎在南原城内，总兵不过三千辽东兵马，附近还有全州两千明军，可一鼓而下。这间接促成了丁酉再乱时日军首先把矛头指向南原，杨元不能抵挡，被迫撤军，结果以"弃师"的罪名被枭首示众，与沈惟敬同时处刑——老沈也算是报了一箭之仇。

如果说沈惟敬之前的遭遇，尚还情有可原的话，那么这一次密报南原的举动，把他彻底钉在了历史的耻辱柱上，是不折不扣的汉奸行为。

沈惟敬是整个抗日援朝战争中最有传奇色彩的人物，他以一介卑微布衣之身，游走于战场之间，依仗三寸不烂之舌把三个国家都忽悠得晕头转向，从秀吉、万历到小西行长、石星、宋应昌、柳成龙，当世的顶尖人物都被这个人欺骗过，不愧是明朝乃至当时东亚第一巨骗、十六世纪东亚外交史上的一朵奇葩。

在一开始，沈惟敬自己也没想到最后会走到这一步。他当初被石星从北京城里挖出来的时候，确实是尽心竭力，披肝沥胆，相比起大明其他外交人员的颟顸表现，他已经算得上很敬业了。单说单骑闯进平壤城的壮举，便非常人所能做到。他的努力为李如松的进军争取到了宝贵的时间，这份功绩不容抹杀。

真正悲剧的根源，在于他的身份。市井无赖的烙印，注定了他只是一枚用过即弃的棋子，庙堂之上的人根本看不起这个低贱的人，沈惟敬只能拼命证明自己有用，才能活下去；而也正因为骗子的身份，让沈惟敬一次又一次选择用欺骗的方式来证明自己的价值。这两种作用力相互作用，最终让他走上了一条汉奸卖国的绝路。

当沈惟敬在大阪城向秀吉那屈膝一跪时，他这个人在历史中的形象，便已经凝固了。可怜，可悲，亦是可恨。

秦相李斯在被腰斩之前，对儿子感慨说忽然很怀念当年在老家上蔡的东门溜黄狗的美好生活。不知沈惟敬在死之前，是否也会怀念起自己当初在京城跟人炼丹胡闹的日子。

或许沈惟敬一点也不后悔。他死的时候，年纪已经超过七十，已比同时代大多数人活得长。而且他人生最后七年的经历，远比此前几十年的人生以及大部分人一辈子加起来都要精彩、曲折。

史可法是抗清义士吗?

文 / 汗青

姚煜题史可法祠墓

尚张睢阳为友，奉左忠毅为师，

大节炳千秋，列传足光明史牒；

梦文信国而生，慕武乡侯而死，

复仇经九世，神州终见汉衣冠。

张睢阳，唐名将张巡；左忠毅，明忠臣左光斗；文信国，宋名臣文天祥；武乡侯，蜀汉名相诸葛亮。经九世：纪侯潜齐哀公，哀公被杀，襄公复仇，灭纪，其间历九世。

史可法，字宪之，明神宗万历三十年（1602）十一月初四日寅时生于河南省祥符县（今开封市）。

崇祯元年举进士，授西安府推官，稍迁户部主事，历员外郎、郎中，后来副使总理侍郎卢象升，分巡安庆、池州，监江北诸军；至后为户部右侍郎兼右佥都御史，总督漕运，巡抚凤阳、淮安、扬州，拜南京兵部尚书，参赞机务。（《明史·史可法传》）

崇祯十七年（1644）四月，闯王李自成攻入北京，明思宗缢死煤山，马士英等拥立福王，改年号为弘光，史称南明弘光朝廷。屡加史可法至太子太傅、兵部尚书、武英殿大学士，史可法自请为督师，出镇淮、扬。

弘光元年（1645）四月二十五日，扬州为清大将多铎率部攻破，史可法自杀被部下所阻未遂，被俘，然不屈怒骂，于扬州新城南门城楼上慨然就义，时年四十四岁。其部将、义子史德威于五月一日出觅史可法遗骸，因暑天炎热，尸体堆积致使蒸变难识，德威不敢妄认，因而未获其遗体。后于扬州城外梅花岭建衣冠冢。

史可法死节之后，被抗清势力推为英雄，尊称史阁部，其声名尚在炮毙清太祖努尔哈赤的袁督师袁崇焕之上。时有言其未死奉其名号兴兵抗清者。

清乾隆帝弘历南巡扬州时，因当年扬州十日屠城过于惨烈，为顺抚民心，至史可法墓前吊唁，为其加"忠正"的谥号，并亲书"褒慰忠魂"四字，史公祠内四字拓片至今尚在。此举固有息众怒怀柔之意，但毕竟对史可法之死节还是敬重的。

梅花岭建祠奉史公之习自此始。

南明弘光朝廷始立之初，史书中均写得似乎事情全坏在马士英、阮大铖等那一干佞臣的手上，乃至于覆亡，即所谓的奸臣亡国。其实，在南明弘光朝廷的覆灭中，史可法亦难辞其咎。思宗殉国前以指蘸水书案前"文臣统统可杀"，良有以也。

此事可以先从山海关事变后的局势说起。

甲申年（1644）山海关事变，清军入关，李自成大顺军经井陉退入山西，潼关之战战败，顺治二年（1645）正月十三日，经陕西蓝田、商洛入河南。1645年正月下旬到三月下旬，李自成率大顺军的北方主力十三万众集结于河南省西南地区；大将白旺统率守卫"襄京"的南方主力七万重兵，驻襄阳、承天、德安、荆州一带；西线入川的张献忠部有近二十万众；南明史可法督师的四镇兵力三十万，据守在河南李自成主力背后的江淮防线，与镇守武昌的左良玉部二十万军首尾相连，水军以及云、贵、两广、闽等处驻军兵力尚未计算。

以此一年计，仅山、陕、川、荆、襄、豫、江淮这个大弧形战线的一、二线兵力，就有李自成不下二十万的大顺军，张献忠的二十万人，南明部队五十万，合计九十余万人，东南沿海一带尚有水军，实有过百万之众，绝非夸张之言。

而入关征战的清军八旗主力满打满算，也不过约十三万，即使加上与吴三桂带领入关的部分宁远军合并计算，至多仅与李自成的大顺军相当而已，最多再算上他们两部留守关外的兵力，亦不及由史可法督师的四镇兵力。而占领的地区也仅限于京畿地区及山、陕部分，且除京畿之外，清军完全无多余兵力建立地方统治机构。八旗骑兵主力和宁远铁骑虽然骁勇善战，但是在数量上和战略上明显都是处于绝对劣势的。

另外，一直以来的传统意见都认为，明朝的官绅地主阶级和大顺政权始终处于势不两立的对立地位，而清朝和明朝的官绅地主阶级是同一战线上的，所以大顺最后被剿灭，明也沦亡。事实上这是极为错误和偏颇的。这样的提法，完全忽略了中国历史上大部分地主官绅们对改朝换代以及"异族入主"这两个事件所持的不一样态度。普通官吏、地主对清朝、南明、大顺的态度，并不是这样简单，实际情况是，局面对南明和大顺都很有利，倒是对清朝是最不利的。

鼎鼎有名的大明遗老顾炎武云：

> 有亡国，有亡天下。亡国与亡天下奚辨？曰：易姓改号，谓之亡国；仁义充塞，而至于率兽食人，人将相食，谓之亡天下。……保国者，其君其臣，肉食者谋之；保天下者，匹夫之贱，与有责焉耳矣！（《日知录》）

他这一观点，可以说在当时是极具代表意义的。大顺入主是"易姓改号"，而满族由于民族和意识形态不一样，一旦入主则就是"仁义充塞，而至于率兽食人，人将相食，谓之亡天下"了。

在李自成于崇祯十六年（1643）十月歼灭陕西三边总督孙传庭所率的明军主力后，明朝大多数官绅地主们的态度已经发生了根本性变化，绝大多数人认为会明亡顺兴，并已经把此作为常见的改朝换代的大势看待，为确保自身利益，他们纷纷开始归附大顺。

因此大顺军在短短三个月里，除在宁武和保定两地稍遇抵抗发生小规模战役外，几乎可以说是在和平解放的状态下一路南下，一举占领整个黄河流域，这样的情况不要说别人没想到，连李自成本人也没想到。这从他带领的并非是自己的老营主力入京一事就可以知道。同时，这也为他的山海关之败埋下了种种祸根，包括从心理状态到对双方形势的错误判断，对突发事件应变的策略等。大顺军攻陷北京后，明朝廷在京的近三千官员"殉节"自尽的只有二十人。这其中还包括陪崇祯殉国的，其他全部归降大顺。国子监生陈方策在塘报中直言："我之文武诸僚及士庶人……谓贼为王者之师，且旦晚一统也。"史可法则说："在北诸臣死节者寥寥，在南诸臣讨贼者寥寥。"

　　大明官员不仅仅只是归降，而且还纷纷争先去大顺政府处求用，唯恐落于人后，其场面蔚为可观。给事中时敏声称："天下将一统矣！"他赶到吏府报名时大门已闭，当下情急敲门呼曰："吾兵科时敏也！"方以入。丞相牛金星对考功司郎中刘廷谏说："公老矣，须白了。"刘竟然说出"太师用我则须自然变黑，某未老也"此等肉麻话。（《平寇志》）

　　在大明的军事力量方面，原来奉诏入关勤王的辽东军统领平西伯吴三桂、辽东巡抚黎玉田，于三月十三日率主力进关，驻扎于昌黎、滦州、乐亭、开平附近。在大顺军占领北京、明廷覆亡后，与山海关总兵高第一起受招归附大顺。黎玉田被任为大顺四川节度使，并马上与明总兵马科一起领军西行，收取四川。至此，秦岭、淮河以北的明朝军队全被收编，而大明疆界除辽东、南明所在地外，也全为大顺接管。

　　由此可见，事实并非如一向的史家所言，明官绅地主阶层是始终与大顺对立的。

　　与此形成对比的是，在大顺败退、清兵占领北京后，大多数汉族官绅却出于民族隔阂和文化思想上固有的优越感，不愿出仕清朝，纷纷南下。

明翰林院官杨士聪的书信中言，在清军占领北京后，很多官绅浮海南归，"泛海诸臣，漂没者七十余艘"，一次就沉没载有南归官吏的船只七十多艘，可见南归的官员之多。这样的情况不断出现，以至于到甲申（1644）七月，清朝吏部左侍郎沈唯炳颇为忧虑地上疏道：

> 大清入来……京官南去不返，似怀避地之心；高人决志林藏，似多避世之举。见在列署落落晨星，何以集事而襄泰运哉……急行征聘，先收人望……此兴朝第一急务也。（《明清史料·甲编》）

清军入主北京后，原来大明官员们"见在列署落落晨星"的状况，与当初大顺入主北京时争先求用的局面形成的鲜明对照，充分说明了当时的人心向背。

另外，在政治上因为明自建国后一直就有南、北两套政府班子，因此北京虽破，但在南京的六部却纹丝未动，所以直接就接管了北京六部的职权，且不要说还有弘光皇帝在彼。而在地域上，清朝也只有在北京及附近很小的一块区域内有绝对的军事优势。再看物资上，甲申五月，清朝兵部右侍郎金之俊上疏说：

> 西北粒食全给于东南，自闯乱后，南粟不达京师，以致北地之米价日腾。（《清世祖实录·卷十六》）

其实不单是粮食，其他如布匹等物资的生产中心也一样在江南，所以只要南方一掐漕运，北方的衣食问题马上就会面临巨大的困难，但南明却从来没有试图真正掐断运河这一至关重要的补给线。

而在文化和思想上又诚如顾炎武所言："易姓改号，谓之亡国；仁义充塞，而至于率兽食人，人将相食，谓之亡天下。"是以明遗臣、百姓在思想文化上的优势和对清朝的排斥，与在政治、军事上一样的明显。在这些方面，清朝不要说和南明比，即使和大顺比，也是明显地处在劣势地位的。

多尔衮刚入北京时曾推行剃发，据当时正在北京的张怡的笔记中记载：

　　剃发令下，有言其不便者曰："南人剃发，不得归。远近闻风惊畏，非一统之策也。"九王（多尔衮）曰："何言一统？但得寸则寸，得尺则尺耳。"（张怡《谀闻续笔》）

更有满族将领放言："宜乘此兵威，大肆屠戮，留置诸王以镇燕都，而大兵则或还守沈阳，或退保山海，可无后患。"（《朝鲜李朝实录》中的中国史料）虽然此议被多尔衮以努尔哈赤有如果占领北京就迁都北京之遗命为由否决，但多尔衮随后在甲申六月发布的告文中却说：

不忘明室，辅立贤藩，戮力同心，共保江左者，理亦宜然。但当通和讲好，不负本朝。（顾炎武《明季实录》）

就很显然地承认了被"辅立"的"贤藩"南明福王是崇祯的继承者，而且希望可以与清朝两不相犯。同时又说"河北、河南、江淮诸勋旧大臣、节钺将吏及布衣豪杰之怀忠慕义者，或世受国恩，或新膺主眷，或自矢从王，皆怀故国之悲，孰无雪耻之愿？予皆不吝封爵，特予旌扬"等。这也表示了他当时是把河北、河南、江淮排除在清朝的管辖之外的，把那里看成是明的管辖地。

所以，这一切都充分证明清朝的高层，包括多尔衮在内的决策集团，当时并没有做出南下的决策，只是打算先守北京。对于要不要继续南下和西进，或者说能否一举攻占和统治全中国，就算退一步不说他们没有这个想法，至少他们对此没有把握，心中无底，是确实无疑的。出自清朝实质上的首脑、军政一号人物多尔衮这句"何言一统？但得寸则寸，得尺则尺耳"，就是此等思想最好的例证。

由此可见，当时大明的山河虽破，但尚可以收拾。换个角度甚至可以说是山河还根本未破。因为这个时候，无论在政治、军事、物资以及民心、地理等方面，清朝都是如履薄冰，岌岌可危，所以多尔衮等人只想守住北京的战略思想，在当时是非常客观和务实的。

而当此大好局面，南明弘光朝廷的那些君臣们又在做些什么呢？

自大顺军出京西走后，河南、河北、山东大部分地区的统治，一度同时成为真空，清政府无心也无兵力去建立统治机构，当地的明官吏和百姓于是纷纷起来组织武装力量自卫，并急切盼望史可法等举军北上收复明地。

甲申五月初，河南原明归德府知府桑开第和明参将丁启光举旗，光复归德府、商丘、管河、宁陵、柘城、夏邑、考城、鹿邑，六月使者抵达南京弘光朝廷，原明河南援剿总兵许定国占据战略重镇睢州。

四月二十七日，山东德州官绅赵继鼎、程先贞、谢陛等推明宗室香河知县朱帅为盟主，称济王，并发檄文号召光复明朝。一时间山东及北直隶到处响应，在一个月内，山东省的济南府、临清州、青州府、东昌府、武定州、滨州、高唐州、德州、临邑、蒲台、海丰、沾化、利津、陵县、乐陵、济阳、齐东、乐安、商河、朝城、德平、恩县、平原、禹城、莱芜、阳信、宁津、武城，北直隶的河间府（包括河间、阜城、肃宁、兴济、任丘等八个州县）、大名府、沧州、冀州、景州、故城、交河、吴桥、武邑、武强、衡水、献县、曲周、东光、清河、饶阳等，两省合计四十三个州县光复，举起明朝旗号。

但遗憾的是，南明弘光朝廷和他的一号军事长官史可法，却都没有一丝去光复国土的念头。在其后一直到史可法殉国的将近一年时间中，弘光朝廷仅仅只是委任了无数的巡抚、总督等大小官吏做个样子，却不发一兵一卒。但就算是这样，竟然也没有一人实际到任，好一点的是派个使者去发一通告示，次的干脆没任何举动。而驻守江淮与山东接壤的史可法本人既不出兵，也没有派部下去山东、河南等地屯守并建立统治机构，更不要说到靠近北京的河北去了。

前文所提及的张怡，于清军入主北京后开始南归，又继续记其一路所闻：

> 过德州界，一路乡勇团结，以灭贼扶明为帜，所在皆然。至济南，回兵数千自相纠合，队伍整肃，器械精好。浚河置榷，凡舟必盘诘乃得过。即以所浚之土堆集两岸，仅容步，不可骑。而沿河民家塞向墐户，留一窦以通出入，防守颇严。引领南师，如望时雨。既闻弘光登极，史公督师，无不踊跃思郊。每遇南来客旅，辄讯督师阁部所至。（张怡《谀闻续笔》）

这些布置何等严整，直如惯战之精兵，而这些百姓和下级官吏们"引领南师，如望时雨"的希望，"每遇南来客旅，辄讯督师阁部所至"的举动，又可见他们对南明和史阁部等人的延颈之心是何等的热切。那么面对这些热血军民，他们所盼的弘光朝廷和史"督师"及他的"阁部"又做了些什么呢？

甲申八月底，史可法督下四镇之一东平侯刘泽清，遣其所部刘可成等率千人前往临清祭祖并接取家眷，途中于曹县"杀死乡官一十七家、百姓无算"，于济宁又向张怡所说的光复明朝之回兵泄私愤开战，九月初三搬取其家眷返回防地淮安。

此次于九月初三结束的"战役"，可以算史"督师阁部"仅有的两次"北伐战役"之一。且不要小看此"战"，此"战"时间虽短、规模虽小，但意义极其重大。因为临清与河北交界，和济宁为山东仅有的两个直隶州。而从江苏中部的淮安北上到临清，要跨越山东全境后直抵河北地界。南明军仅千人就可以穿越山东全境，直抵河北，并带着大队家眷、财物"转战千里"安然回来，同时还能大肆屠戮同胞的"战绩"，足以证明当时清政府任命的山东巡抚方大猷，在启本中说他"手无一兵"的情况的确是大实话。史可法这个防地与山东接壤的南明第一号督师，是知道在山东、河南、河北等地方，清政府只有"手无一兵"的如方大猷之流的情况的，也知道只有仅千人的明军不但可以横行千里，还有足够的能力和自己的军队自相残杀一场。

然而史可法却在九月二十六日上奏说：

> 各镇兵久驻江北，皆待饷不进。听胡骑南来索钱粮户口册报，后遂为胡土，我争之非易。虚延岁月，贻误封疆，罪在于臣。适得北信，九陵仍设提督内臣，起罪辅冯铨，选用北人殆尽。或不忘本朝，意图南下，逃匿无从，是河北土地、人才俱失矣。乞速诏求贤，偏谕北畿、河北、山东在籍各官及科甲贡监，但怀忠报国，及早南来，破格用之。（谈迁《国榷》）

对于这个军事一号人物的这个奏章，弘光朝廷从善如流。

他和南明朝廷尽管都知道那里仅仅是"胡骑南来索钱粮册报"而已，居然就都理所当然地认为那里已经是"胡土"了，并且还竟然都毫不脸红地一致同意"争之非易"。接着他又说清朝在"九陵仍设提督内臣……选用北人殆尽"，其中包括"不忘本朝，意图南下，逃匿无从"的人，所以"河北土地、人才俱失矣"。这个"土地、人才俱失"的状况，与他这个封疆大吏不出兵收复失地脱不了干系的。但是他依旧不图进取，反倒建议朝廷"乞速诏求贤，偏谕北畿、河北、山东在籍各官及科甲贡监，但怀忠报国，及早南来，破格用之"。那言下之意，就是因为北畿、河北、山东等地方，有敌方的几个没有一兵一卒的光杆官吏在，所以已经"争之非易"，既然这样，那干脆不用管也不用争，直接就放弃掉算了，只管发发告示，把有用的人叫过来就行。而且大量史料表明，南明的军队从来就不缺饷，有记载他们四个月就发了一年半的银饷，同时比比皆是的还有他们如何搜刮民间的记载。

实质上，史可法和弘光皇帝朱由崧、马士英、阮大铖等人一样，从一开始就没有想过要去收复北方，而是要一心偏安江南。即使在后来清政府已经开始出兵要占领全国的局面下，也还在梦想着能与清政府保持南北割据，而不是和大顺、大西联合起来共抗外敌。所以他们是万万不敢因为那几省的"弹丸之地"而去触怒清政府，陷入与清政府的战争的。同时，他们还幻想着清政府因此就会很好心地只是帮他们消灭大顺政权，然后能与他们"和平"相处，"划疆而治"。因此可以说，史可法与马士英、阮大铖等人之间的斗争，更多的是党争的成分，并不如大部分史学家说的那样，是抗清和谈和的斗争，因为史可法本人就是谈和的坚定支持者和倡议人之一。

他在甲申六月上书说道：

但虏既能杀贼，即是为我复仇。予以义名，因其顺

势，先国仇之大，而特宥前辜。借兵力之强，而尽歼丑
类，亦今日不得不然之着数也。前见臣同官马士英已筹及
此。（冯梦龙《甲申纪事》）

其中"予以义名，因其顺势，先国仇之大，而特宥前辜"，
自然是说清与明的"七大恨"及努尔哈赤被毙宁远之仇，所以现在
帮我们杀李自成，那就可以"特宥前辜"，与明开战等事体一笔勾
销，这个事情"臣同官马士英已筹及此"，大家是一致的。

接着他话锋一转，说要赶紧派使者去北京，如果清军在追击大
顺的时候，"万一虏至河上，然后遣行，是虏有助我之心，而我反
拒之，虏有图我之志，而我反迎之"，但是他对万一"虏有图我之
志"的情况，却如掩耳盗铃一般视而不见也不做防备，只是建议：

伏乞敕下兵部，会集廷臣，既定应遣文武之人，或径
达虏主，或先通九酋（多尔衮）。应用敕书，速行撰拟，
应用银币，速行置办。并随行官役若干名数，应给若干廪
费，一并料理完备。定于月内起行，庶款虏不为无名，灭
寇在此一举矣。（冯梦龙《甲申纪事》）

他觉得只要带点"银币"，"敕书"一封，然后一个"文武
之人"与"随行官役若干名"去见个面送封信就可以"款虏"、
"灭寇"，此等政治上的见识，简直等若童稚之举，直要人为之
号啕大哭。

但当时的一些下级官吏，如后来抗清失败自杀的兵科给事中

陈子龙等人，却纷纷上书指出"祖宗之地诚尺寸不可与人，然从来开疆辟土，必当以兵力取之，未闻求而可得者也"，强烈要求北伐，只可惜无人理睬。在甲申四月至十月的半年时间里，清军主力一直与大顺在西线激战，根本无力南下；而正是由于南明朝廷里以史可法、马士英为首的一帮人，一心偏安谋求划地而治，生怕北上收复山东、河南、河北等地会得罪清政府而开战，所以裹足不前。因此导致从四月到十月间，在这三地竟然产生了长达半年的权力真空和摇摆状态，最后在甲申年底才大部归附清政府。但即使到这个时候，清政府的统治也大多只是由一个官依靠着当地前明降将的军队，就接收了一府之地的状态。

正是因为南明小朝廷以及文武首脑表现在政治、军事上的不作为和腐败无能，直接导致以多尔衮为首的清政府决策集团，在很短的时间内，又一改初衷迅速作出了统一中国全境的决定。

多尔衮虽然在六月发布了那封承认南明弘光是继统于崇祯的明正统，表示各地仍属明之辖地的文告，但是一旦决定要一统天下后，马上就写了那封著名的《多尔衮与史可法书》，一下子全部推翻了自己原先的论调。

他在信的抬头不再称呼史可法的官衔，只称呼史老先生，已是把南明作伪朝看。然后在信里先说"国家之抚定燕都，乃得之于闯贼，非取之于明朝也"，意思是我的天下是从大顺手里拿的，你大明早已经没了。所以你们现在乘我"逆寇稽诛，王师暂息，遂欲雄踞江南，坐享渔人之利"，简直心怀叵测，"今若拥号称尊，便是天有二日，俨为劲敌"，便是说你南明是伪朝，如果不去帝号称臣，那我们就是敌人，就要开战，如果一旦这样的话，大清就会

"简西行之锐，转旆东征；且拟释彼重诛，命为前导"，这一下却是拿联合李自成东下灭南明来威胁了。不过这么一来虽然是咄咄逼人，但也暴露了清政府的弱点。试想他如果兵力和把握都足够，哪里又需要拉上此刻正在与阿济格、多铎等清军主力激战不休的死敌李自成来吓人。

史可法在接到这封信后，回复了同样著名的《史可法复多尔衮书》。这一篇文章倒是做得引经据典，华彩四溢。

他首先在回信的抬头中，以"大明国督师、兵部尚书兼东阁大学士"的身份称呼多尔衮为"大清国摄政王殿下"，光这个抬头，他就比多尔衮矮了一头。所谓"来而不往非礼也"，人家已经不承认南明只呼你为"史老先生"，而你居然不敢照样回敬，心中怯弱之意毕露无遗。

努尔哈赤于1616年由大明建州卫都督一职起兵，先称国号后金，后又改大清，历天启、崇祯两朝就从来没有被承认过，袁崇焕还一度迫使皇太极去了帝号，对此皇太极耿耿于怀。皇太极于天聪四年（1630）发的一道谕文中说：

> 逮至朕躬，实欲罢兵戈，享太平，故屡屡差人讲说。
> 无奈天启、崇祯二帝渺我益甚，逼令退地，且教削去帝
> （号），及禁用国宝。朕以为天与土地，何敢轻与？其
> 帝号国宝，一一遵依，易汗请印，委曲至此，仍复不允。
> （《清宫档案》）

由此可以看见，即使清去了帝号自称大明的藩属，崇祯也是不

承认的。因为建州卫是大明的州卫而不是藩属，在这一点上，崇祯是极为注意的，故而不予谈判。所以皇太极自觉委屈之至。而致袁崇焕于死地的罪名里，有一条就是他和清政府议和。

史可法是崇祯元年（1628）中的进士，他在崇祯手下做了十七年的官，所以对此应该明白清楚得很，要是在崇祯手上，他这样称呼多尔衮，只怕马上就会被拉出去砍了脑袋。

然后他一口一个贵国客套了一番说道：

> 若以逆成尚稽天讨，为贵国忧，法且感且愧……凶闻遂来……忽传我大将军吴三桂假兵贵国，破走逆成。殿下入都，为我先帝、后发丧成礼……此等举动，震古烁今，凡为大明臣子，无不长跽北向，顶礼加额，岂但如明谕所云感恩图报已乎！谨于八月，薄治筐篚，遣使犒师。

他对清军和大顺开战的举动，的确是如他所说"长跽北向，顶礼加额，岂但如明谕所云感恩图报"的，所以称吴三桂为"我大将军吴三桂"，而对李自成的强悍则表示"为贵国忧，法且感且愧"。

接着他列举了如三国蜀汉、东晋、南宋等一堆偏安朝廷的先例，来证明南明弘光朝廷的合法性，再下去便是两家叙好：

> 贵国昔在先朝，凤膺封号，载在盟府。后以小人构衅，致启兵端，先帝深痛疾之，旋加诛僇，此殿下所知也。

这里他痛骂炮毙努尔哈赤的袁崇焕，是在"两国"之间"构衅""致启兵端"的小人。不过这个时候袁崇焕还没有平反，那倒也说他不得。可是袁崇焕死后"天下冤之"，部将祖大寿也为此反出关外，无亲无故的幕僚程本直，更以一本《白冤疏》告天下而后以身殉袁督师，他史督师却是不会不知道。

当然了，在他看来，先帝钦定的罪人，即使是忠臣有冤，现在为了"两国"和好，骂几句也是应该的。不过这个时候他倒突然是想起杀袁崇焕的崇祯皇帝来了，可在开头却偏偏又"忘记"了崇祯视为大忌的承认大清是国家的事情。同是大明督师的史可法与袁崇焕，在此事上两人高下立判，相去简直不可以道里计。

然后他又说："贵国笃念世好，兵以义动，万代瞻仰，在此一举。若乃乘我蒙难，弃好崇仇，规此幅员，为德不卒，是以义始而以利终，贻贼人窃笑也，贵国岂其然欤？"这个就是与虎谋皮了。要清政府只凭一个"义"字，就耗费兵力帮他剿灭大顺然后两不相犯，未免幼稚得有如三岁小儿。当然，最后他也没忘记，在剿灭大顺的事情上，南明也是要出力的：

> 今逆成未伏天诛，谍知卷土西秦，方图报复。……伏乞坚同仇之谊，全始终之德，合师进讨，问罪秦中，共枭逆成之头，以泄敷天之愤。则贵国义闻，照耀千秋，本朝图报，唯力是视。从此两国世通盟好，传之无穷，不亦休乎！

这道书成于甲申八月间，写得虽然是字字珠玑，锦绣文采，只是对清政府的恐惧，以及懦弱无能、低声下气的腔调，在此间却暴露无遗。

早在多尔衮来信前的七月二十一日，南明议和使团已经出发，其目的就是"以两淮为界""彼主尚幼，与皇上为叔侄可也"，实行划疆而治，偏安江南一隅。但使者团在九月初五才抵山东济宁，这其中并没有人要他们回来，或者在谈判内容上作什么修改。至十月十二日到北京后，清政府拒不会见，不承认弘光朝廷是国家，不接受其"国书"，并明确宣告已经准备派军南下，与南明开战。但同时却收取了南明主动送去的"岁币"——银十万两、金一千两、蟒缎二千六百匹，"赐"给吴三桂的白银一万两、缎二千匹。十二月十五日使节团返回南京，三个使节中只有一个奸细回来，其余两人被清政府扣押。这样，已经可以明白地知道一件事情，那就是清政府已经彻底撕破了脸面，准备大举南下开战，和议是万万没有希望的了。

御史沈宸荃于是上表：

> 虏、贼今日皆为国大仇。……及贼逆不容诛，（清）复巧借复仇之名，掩有燕、齐，是我中国始终受虏患也。故目前之策，防虏为急，贼次之。……以大振复仇之声，而其实节节皆为防虏计。（李清《南渡录》）

这个奏章明确提出，先抗清，至于李自成是以后的问题，这可以说深刻认识到了清"掩有燕、齐，是我中国始终受虏患也"的后果，是极为正确的认识，而提出的"防虏"建议也是积极的，至少这个时候亡羊补牢尚为时不晚。

然而史可法在知道这个消息后，奉上的奏章里却是这样说的：

> 屡得北来塘报，皆言虏必南窥……近见虏示，公然以逆之一字加南，辱我使臣，蹂我近境，是和议固断断难成也。一旦寇为虏并，必以全力南侵；即使寇势尚张，足以相距，虏必转与寇合，先犯东南。……今宜速发讨贼之诏，严责臣等与四镇，使悉简精锐，直指秦关。（李清《南渡录》）

在知道求和使团被拒，"和议固断断难成"，清政府已经宣战，"虏必南窥"的情况下，他在讨"贼"和防"虏"之间，居然还是选择先"发讨贼之诏"，然后"直指秦关"讨家"贼"，而不是防备在燕、齐的南窥之虏，这样的攘外必先安内，可以说直欲使人为之呕血。

为了实现他这个攘外必先安内的构想，乙酉（1645）正月，史可法发动了南明唯一一次大规模的正式"北伐"。

当然此次"北伐"的对象是西线的李自成，而不是收复北方的山东、河南等地。至于发动的原因，他告诉弘光皇帝是因为知道"清豫王自孟县渡河，约五六千骑，步卒尚在覃怀，欲往潼关"，对清军剿闯兵力不足的忧虑溢于言表，于是他已经体贴入微地"命高杰提兵二万，与张缙彦直抵开、雒，据虎牢；刘良佐贴防邳、宿"，史督师这一战略部署，矛头直指西线的洛阳，却对黄河北岸的清军铁骑视而不见，并沾沾自喜、一厢情愿地引为盟军和友军。

只是在黄河对岸的清豫王豪格在回复给高杰关于合力剿闯的信里，已经明确打破了这样的幻想："果能弃暗投明，择主而事，决意躬来，过河面会……若弟欲合兵剿闯，其事不与予言。"

四镇之一的兴平伯高杰，原是崇祯时降明的李自成部将，绰号翻山鹞子，算是四镇中比较能打仗的一个。他在抵达战略重镇睢州后，有情报说原来那里举旗光复的原大明河南援剿总兵许定国，由于南明长期无人理睬也不发兵北上增援，刚刚把两个儿子暗里送往黄河北岸豪格营中去当了人质。于是为防止他把睢州献给清政府，正月十三日，高杰以两万兵驻城外，只带三百名亲随进城赴许定国宴，意图说服其不要降清，结果却为许定国伏兵所杀。高杰夫人邢氏和部将得知后狂怒不已，于十四日攻入睢州屠城，许定国过河逃入豪格营中，正式降清。

史可法在知道这个变故后，马上赶往高杰军中收拾残局，立高杰之子为兴平伯世子，高杰妻邢氏知其子幼，遂请其子拜史可法为父。然史可法却因高杰乃"流贼"出身而坚决拒绝，最后命其拜提督江北兵马粮饷的太监高起潜为义父了事，白白放弃了一个收取四镇兵力的好机会。此前史可法对四镇兵力掌控乏力，现在天赐良机可以掌控却仅仅因为高杰出身不好而放弃，由此也可见他之无能和迂腐。

用此等"人才"来做南明的军事第一号长官，又焉能不亡。

二月，史可法率部南归，撤回江苏白洋口（今江苏省宿迁）。于是有民谣讥讽道："谁唤翻山鹞子来，闯仔不和谐。平地起刀

兵，夫人来压寨（原注：邢夫人也），亏杀老媒婆（原注：史公也），走江又走淮，俺皇爷醉烧酒全不睬。"（《青燐屑》）

此次"北伐"之时，阿济格、多铎率清军主力正在陕西与李自成进行潼关大战，对京畿、河南、河北、山东根本无力顾及。豪格只有五千人马，在黄河对岸先前既无力助许定国对付高杰，后来看着高杰所部屠灭睢州，群龙无首乱作一团的样子，也不敢有一丝异动。在此等大好形势下，史可法非但不敢在京畿、河南、河北、山东建立地方政权，或者守住睢州这个江淮门户的战略重镇，反而全部放弃狼狈南归，又有什么资格和唐之张睢阳张巡比肩！

他的幕僚阎尔梅当时正在军中，在《阎古古全集》中记载，他曾力主史可法道：

> 渡河复山东，不听；劝之西征复河南，又不听；劝之稍留徐州为河北望，又不听。

可见他实在没有军事和政治才能，同时也说明他根本不想也没有胆量去收复北方，最多只是在嘴上喊喊而已。

再看看当时民间诸人是怎么评说南明朝廷及文、武首脑的。

张怡笔记：

> 日复一日，坐失事机，灰忠义之心，骟朝食之气，谋之不臧，土崩瓦解，伊谁咎哉！

郑与侨《倡义记》：

当四海无主之日，前无所依，后无所凭，只以绅袗忠
愤、乡勇血诚，遂使大憝立剪，名义以新。无奈江南诸执
政鼠斗穴中，虎逸柙外。

阎尔梅《惜扬州》诗：

左右有言使公惧，拔营退走扬州去。两河义士雄心
灰，号泣攀辕公不驻。

乙酉（1645）三月，清军主力在完全没有后顾之忧的情况下于
潼关击败李自成后，已经休息调整完毕，终于开始抽身出来分兵南
下。多铎部由潼关东进，直取扬州、南京方向，南明的君臣自己酿
就的苦果终于来临。

由于完全没有河南、山东等战略屏障可以依恃阻挡，四月十三
日清军已经赶至安徽泗州渡淮，十七日便在距扬州二十里处扎营，
十八日推进到扬州城下。此前史可法自白洋河仓皇鼠窜至扬州，清
军南下沿途没有发生一次真正意义上的大规模战斗。此刻的史可法
身后便是南京，如果退回去他这个四镇督帅应该担负的责任可想而
知，朝中不同派系的阮、马之流，虽然在对待清政府的政治主张上
和他一致，但是断然不会就此放过这个声讨他的机会，而弘光皇帝
朱由崧因为在拥立问题上对他耿耿于怀，也未必不因此借机治他的
罪，因此到了扬州后，史可法实可谓已经退无可退。

史可法在进扬州后，以为"锐气不可轻试，且养全锋以待其

197

毙"，扬州守军没有出城应战，而清军这个时候并没有采取围城攻势，所以到二十一日，明甘肃镇总兵李栖凤、监军道高歧凤还曾经带了四千人入城，但二十二日又率所部并与城内的胡尚友、韩尚良等出门降清，史可法恐阻止他们会发生内变，因此不敢有任何动作。在此期间，清军主将多铎则五次发书招降史可法，史可法坚拒不回。

关于扬州战役，《南明史略》说"（史）可法还抗拒清兵，坚守孤城，支持了有十天的功夫"。但实际上按照双方当事人书信，包括史可法在遗书中的记载都可以证明，扬州战役前九天清军并没有围城和攻城，扬州并非孤城，期间明军部队出入自由，双方只是对峙九日，最后仅一天便告陷落，何来"坚守孤城，支持了有十天的功夫"一说。

扬州的陷落，固然有兵力悬殊之因，但明军的不得人心，也是一大原因。当时在扬州城内的王秀楚逃生后，在日记里写了这样的情况：

> 北平行都指挥使司夜巡铜牌督镇史可法从白洋河失守，踉跄奔扬州……吏卒棋置……践踏无所不至，供给日费钱千余。……主者喜音律，善琵琶，思得名妓以娱军暇；是夕，邀予饮，满拟纵欢，忽督镇以寸纸至，主者览之色变，遽登城，予众亦散去。（《扬州十日记》）

史可法自己虽然清廉，但是却阻止不了他手下对百姓的"践踏无所不至"，带兵将军临战还在想着"得名妓以娱军暇"，其人之统军无方和无能，亦可以从此窥见一斑。

四月二十四日夜，清军发动总攻，炮轰扬州城墙，二十五日，扬州陷落。南明第一号军事长官、太子太傅、兵部尚书、武英殿大学士、四镇督师史可法自杀被阻，被俘后怒骂不屈，以身殉国。

史可法最后以身殉国的气节，当然是值得敬重的。但是他在政治、军事上的糊涂、无能和懦弱，甚至放弃、出让国土，作为南明弘光朝廷的第一号军事长官，他一直主张并身体力行联清剿闯的战略，甚至在清政府宣布开战后也是如此，对清政府不抵抗、弃地甚至暗示割地示好，坐失了光复明朝江山的大好时机，导致清政府可以全然没有后顾之忧，全力出击李自成，然后回头从容收拾南明。所以对南明弘光朝廷的覆灭，史可法负有不可推卸的责任。

史可法是南明皇朝的忠臣，但是不能算大明朝的忠臣，因为他开肇了承认大清是国家的头，违背了大明天启、崇祯两朝一直坚守的大原则，等于割裂国土。

史可法是不怕死，但是不能因此就算英雄，因为他从没有尝试过哪怕是一次试图去收复清政府手里的失地，反而却是一味地退让，甚至于弃地、割地送给清政府。因此他只能算是个不投降的"义士"。

史可法是死于和清军战斗中的义士，但不能算抗清义士。因为他除了在清军攻击扬州的战斗中被动应战外，从来没有抗击过一次清军的入侵，也没有想过要去主动抗击。

枭雄与妖孽——一战经典人物

文 / 石炜

俾斯麦

奥托·冯·俾斯麦（1815—1898年）可谓"西方的姜子牙"。在英国人主编的《剑桥战争史》中，他被描写为"欧洲历史上为数不多的真正理解了战争只是一种政策延伸的几位政治家之一"。而这种评价对于他的贡献来说，显然并不充分。

出身于戎马世家的父亲希望俾斯麦将来能成为军官，而资产阶级小姐出身的母亲则希望俾斯麦成为长袖善舞的政治家。但遗憾的是，俾斯麦的人生道路却似乎背离了父母的期望。

中学时，论出身原本应该进军事学校就读的俾斯麦却成了普通学校的另类学生。俾斯麦一边忍受着周围来自城市市民阶层同学的冷嘲热讽，一边努力攻读，学会了多种外语。可上了大学，俾斯麦发现自己的一切努力并不能换来周围出身小资家庭同学的友谊，甚至哪怕一点点同情。从此他性情大变，飘红的成绩单、其貌不扬的外貌、难听的外地口音，加上27次与人决斗的经历，让俾斯麦成了学校里声名狼藉的"土匪"。

毕业后俾斯麦当上了一个一辈子都未必有出头之日的小公务员，为了能与出身贵族的心上人共结连理，俾斯麦欠下了一大笔赌债，可随后，心上人却不知所踪。穷困潦倒之中，总算有位姑娘带给了俾斯麦重新迎接生活的勇气，但是就在电光火石般的爱情童话即将诞生的瞬间，那姑娘又轻挽着一个富有的军官的胳膊飘然远去了。后来，俾斯麦回到了老家，继承了父母遗留给他和哥哥的万贯家财和大批地产，靠着金钱铺路，顺利进入了政界。

在这方天地里，容克贵族的出身和城市资产阶级的完备教育，争强好胜的性格加上长期的底层磨砺，让俾斯麦如鱼得水，从河堤监督官、地方议员一直干到驻布鲁塞尔的大使。接着，在一次镇压叛乱的斗争中，俾斯麦遇到了自己的真命天子——当时国王的弟弟。这个小地主出身的议员兼前外交官表现不俗，其过人的智谋和见识，给亲王殿下留下了深刻的印象。

不久，国王精神崩溃，王位由亲王继承，这个昔日让女子们一次次轻易抛弃了的"垃圾股"终于顺利上位，成为了王国的首相，而这一切，仅仅是俾斯麦征途的开始。俾斯麦通过自己的运筹帷幄，赢得了一场场胜利，帮助他的君王让国家成为了欧洲新锐的"蓝筹股"，俾斯麦自己也成了举世景仰的世界强人。

不仅如此，俾斯麦还打造了一个近乎完美、外力难以打破的欧洲平衡体系，带给了欧洲持久的和平。

通过对丹麦、奥匈帝国和法国的三场铁血战争，俾斯麦使列强接受、认可了普鲁士统一德国全境的现实。1871年，威廉一世在对法战争胜利后，在法国凡尔赛宫正式加冕为德意志皇帝。

对内，俾斯麦实行宽松、稳健的经济政策，鼓励普鲁士的容克地主贵族们把土地收益投资于工业，同时利用国内宽松的民族环境，不断吸引各国犹太人的资金涌入德国。

俾斯麦通过励精图治，使经济实力原本远逊于周围强敌甚至邻邦的普鲁士，率先完成了工业革命的各项进程，技术实力、经济实力后来居上。在俾斯麦主政后期，历史悠久的德国制造开始成为全世界认可的无形品牌。

俾斯麦不但亲手缔造了一个强大的帝国，而且为这个帝国甚至整个欧洲的未来安定绘制了一幅影响深远的政治蓝图。在尊重认可其他列强势力范围的基础上，俾斯麦用有意限制德国海权的方式获得了英国的信任，同时保持强大的陆军，威慑近在咫尺的传统陆军强国法国。在俾斯麦的外交斡旋下，德国第一次获得了强大的军事外交盟友，英国为德国的海上安全提供保障，而俄国则在遥远的东方为德国的陆地安全做出了承诺。此外，在俾斯麦的斡旋下，相互之间并不买账的俄罗斯、奥匈帝国、意大利王国，都相继与德国签订了单方面的安全条约。

于是，德国周边出现了前所未有的和平安定的大好环境。西边，俾斯麦让德国在英国人眼中扮演着欧洲大陆唯一能制衡法国的角色；在法国人眼中，俾斯麦让德国保持着英国的嫡系姻亲加铁杆帮凶的身份。东边，无论俄罗斯和奥匈帝国相互之间的仇恨有多深，俾斯麦通过两个一对一的条约，让两国都认为看在德国面上不该太让对方下不来台。

就这样，俾斯麦像个长袖善舞的舞蹈演员，把和各国的关系处理得滴水不漏，不仅使德国成为19世纪末欧洲舞台上的绝对主角，也让欧洲人民享受到了难得的清闲与安定。

倘若俾斯麦的后继者能够遵循"萧规曹随"的原则，将这一政策延续下去，欧洲乃至世界的未来可能就是另一番景象。但遗憾的是，任俾斯麦再雄才大略，也有三个迈不过去的坎儿。

第一道坎儿，通过铁血战争，德国固然获得了对法国的胜利，但在高傲的法国人眼里，割地赔款的奇耻大辱势必需要另一场战争来雪洗。

关于法德之间的新仇旧怨由来已久。德意志地区曾是法国的后花园。太阳王路易十四时代（法兰西的第一个辉煌年代，路易十四颇具争议的一生，一方面为法国拓展了大片土地，另一方面又以私生活糜烂不堪、穷奢极欲而著称，给后世留下了诸多谈资的同时，更让法国人爱恨交加），法国出兵悍然占领了德意志小邦阿尔萨斯和洛林两地，并将其变成法国的两个行省。普鲁士强大后，法国恐怕自己的后花园有失，竭力遏制普鲁士的扩张，遂于1870年爆发了普法战争。这场战争以法国的失败而告终，一代雄主拿破仑的侄子拿破仑三世沦为阶下囚，法国也被迫吞咽下外交苦果，被迫割让阿尔萨斯和洛林两地给普鲁士。普鲁士之举，从理性角度看，是收复失地的正义行为，但从文化感召力而言，法国著名的小说《最后一课》和《羊脂球》等作品风行一时表明，在世界人民眼中，法国反倒成了战争的受害者，而收复失地的普鲁士却成了侵略军。由此可见文化软实力的影响，不下百万之师。

据说，普法战争之后，专横的俾斯麦曾经苦劝一向对他言听计从的威廉一世，别太让法国难堪，但威廉一世只是普鲁士贵族阶层的代表而已，很多事他也无能为力，其中就包括国内呼声甚高的通过割地赔款让法国一蹶不振的强烈呼声。最终，德国人思前想后，憋红了脸提出的自以为是天文数字般的战争赔款，法国人不到三年就全部还清，既让德国人知道了什么叫"土豪"，也让法国人从此把德国恨到了骨子里。

当时法国著名的作家维克多·雨果在波尔多议会的讲话，可作为最早的关于第一次世界大战的预言："总有一天，法国将重新站起来，不可战胜，它不仅将收回阿尔萨斯、洛林，还将收回莱茵兰，包括美因茨和科隆，它还将回敬德国一个共和国，使德国摆脱皇帝，就像德国人把拿破仑赶下帝位一样。"如此恶狠狠、凶巴巴，完全没有了以德服人的气度与胸襟，可见法国人对德国恨到了什么程度。

第二道坎儿，就像俾斯麦能引导德国取得普法战争的胜利，却无力阻止德皇和将领们对战败后的法国提出苛刻的割地赔款要求一样，无论他如何努力，发源于十字军时代条顿骑士团的普鲁士容克贵族阶层，他们视战功为生命的军国思想是无法短时间内消除掉的。而这个阶层对德国内政外交的影响，更是俾斯麦和信任他的威廉一世根本不敢触及的。这种对军功和战利品的渴望，就像传说中"杰克的魔豆"（传说中杰克的魔豆一夜之间长出藤蔓，直插云霄），一旦有合适的土壤就会萌发。

第三道坎儿，是俾斯麦将德国推上了资本主义的历史列车，而在列车行进过程中，资本主义逐利的思想注定会将他的稳健政策和国家的发展人为地撕裂开来。

而恰恰是在这个世纪里，永久的和平似乎让各大列强都在血脉中积累了足够的血性和杀伐欲望，战争的魔鬼正躲在爱国主义和民族主义的大旗下蠢蠢欲动着，一旦脆弱的保证、人为的和平不复存在，战争就会如狂飙般席卷而来。

和俾斯麦君臣相得的皇帝威廉一世去世后，继位的皇太孙威廉二世看上去远比其祖父更具文韬武略的潜质。虽然威廉二世一只手有残疾，但从当时的报道来看，他拥有全欧洲堪称典范的君王仪态。但是偏偏威廉二世还天生了一副心比天高的帝王情怀，更具悲剧意味的是，威廉二世小时候过生日时，一个不开眼的长辈竟然送给了他一艘军舰模型，从此开启了威廉二世对德国海军噩梦般的狂热追求。

德国是个内陆国家，海岸偏狭，隔海相对的又是世界海军最强的英国。因此富有战略眼光的俾斯麦等开国重臣都把精力放在了陆军方面，使普鲁士军队成为名扬四海的陆军样板；同样他们以牺牲德国海上力量的方式，巧妙地把海军第一的桂冠让给了英国，借此来换取英国在陆权方面对德国的支持。

这本是一个双赢的局面，临海的德国其实是一个内陆国家，主要威胁来自大陆，而要和英国人拼海军，德国显然既没有必要去浪费宝贵的资源，又没必要去刺激以海权为底线的英国。当时的首相俾斯麦深谙这个道理，采取海上与英国结盟，陆地与俄国遥相呼应、共同遏制法国和奥匈帝国两个陆地老虎的做法，最是经济实惠。

这一切，到威廉二世登基后发生了变化。新君雄姿英发，大力改革，对外强硬，对内煽情，自此之后，德国人尝到了许久没有尝到的大国子民的优越感和自豪感。

威廉二世上台后干的第一件事就是亲自任命了海军部部长，改变了以往由陆军代管海军的传统。接着，他辞退了一直碍手碍脚的俾斯麦，从而为把自己从小就钟爱的巨舰梦付诸实现铺平了道路。

执政26年后，已是75岁高龄的俾斯麦被迫退出了政坛，退隐田园。随后，新王用最高的效率颠覆了他一生为之奋斗的几乎所有成果。

1898年，万念俱灰的俾斯麦在庄园里静静地去世了，他身后的世界，正与他设想的蓝图背道而驰，直到16年后，第一次世界大战的炮声震撼了他的墓地。

俾斯麦的宦海沉浮，半是政治家，半是军事家，更是一位了解人性弱点与阴暗的心理大师。父亲和母亲对俾斯麦的不同期望，他以世界为舞台，全部得到了圆满的实现，同时也完成了一次有史以来绝无仅有的"逆袭"之旅。

冯·俾斯麦无论从哪个角度看都是政治领袖的楷模，他让一个二流国家平地崛起，给他的国家编织了一幅联通未来的宏伟蓝图。总之，俾斯麦预料到了一切，除了一件事——新主君的不靠谱程度。

妖僧拉斯普京

20世纪初，俄罗斯已是地跨亚欧大陆、领土面积达2280万平方千米、人口达1.41亿人的超级大国。俄与塞尔维亚的特殊关系，以及在巴尔干地区的独特权益，使得所有有关巴尔干未来的决策都要考虑到俄罗斯的反应。

俄罗斯直到300年前彼得一世时代才从蛮荒中逐渐走向文明，刚刚过去的100年是其历史上的巅峰状态。他们靠着广袤无比的领土拖垮了拿破仑的无敌大军，又靠着严寒彻底战胜了强敌，然后一路踏着敌人的尸体冲进了欧洲——哥萨克骑兵在巴黎、布鲁塞尔、维也纳，都以解放者的姿态受到了热烈欢迎，俄罗斯也俨然成了全欧洲的解放者，风头一时无两。

可好景不长，地大物博并没有赋予俄罗斯和他们的沙皇足够的聪明才智，直到全欧洲工业革命都开启3.0版本了，沙皇俄国仍处在算盘阶段——全国90%的土地都掌握在大土地所有者手中，所谓的土地改革只是把大批原来在农庄里等着饿死的农奴驱赶到了城市里等着饿死而已。后世的沙皇们能稳定继承的良性基因里，偏偏没有彼得一世特有的励精图治，也没有叶卡捷琳娜的雄才大略，只有对土地偏执的爱好与追求。

追来追去就追出了事来。

沙皇俄国先是想趁火打劫孱弱的奥斯曼土耳其。可没想到的是，此举把英国、法国给激怒了——俄罗斯不老老实实在冰天雪地里待着，往地中海渗透干什么？不知道地中海是英国和法国连接欧洲与远东、印度、印支的交通线吗？

这边俄罗斯也不示弱，拼海军我拼不过你，拼陆军连拿破仑都成了我手下败将，你们能奈我何？

于是，1854年的黑海沿岸克里米亚战争上演了，双方四国乒乒乓乓一阵打，英国和法国将铁甲舰、电报线、机关枪、后膛枪等各种硬装备、新战法都亮出来了。

一仗下来，向来欺弱凌小气势如虹的俄罗斯，被更厉害的角色打得满地找牙，当年靠着天时与地利打败拿破仑攒下的那点威望全抹去了不说，还得灰头土脸地向英法保证，自己从此再无南下之意。

往南不能走了，那就往西南——巴尔干地区，往东南——中国的外兴安岭地区。

按理说，俄罗斯帝国的重心都在西边，文化经济更以西边为重，可历届沙皇偏偏对开拓西伯利亚更往东的土地着了迷，几百年下来，终于和传说中的东方的神秘帝国中国成了邻居。甲午战争后清政府四面楚歌之际，就冷不丁跳出沙俄这个"贴心人"来，主动串通列强演了出"三国干涉还辽"的好戏，硬逼着日本将根据《马关条约》强占去的辽东半岛归还给中国。而其实呢？沙俄演的这出戏并非心疼清朝，而是心痛已被日本叼嘴里差点吞下肚子的那块肉——大连、旅顺。辽东沿岸这些明珠般的良港，可都是当年克里米亚战争里死了多少人都没能得手的天然不冻港啊，怎么能让日本给占了呢？

这边想着，那边就动起了手。沙俄直接出兵占领了中国东北各处要害，连日军血战才得手的旅顺也抢到了手里。

那边的日本可就不干了，因为强盗也有讲理的时候——我们流血流汗才夺得的"胜利果实"，你就给硬抢去了，还有天理吗？

于是乎，1904年，沙俄与日本之间的战争爆发，史称日俄战争。

这回，沙俄无耻了几百年的扩张行径终于结出了让列强大跌眼镜的"硕果"——并非人们预想中的俄罗斯巨熊如何野蛮凶残地撕扯、肢解东方的可怜小国日本，而是还没美国加利福尼亚州大的日本三拳两脚，就从陆地、海上两个方向把俄罗斯打得满地找牙。沙俄远东舰队、波罗的海舰队两大主力全部被歼，数万侥幸不死的俄军竟然沦为东方黄种人的阶下囚。

战争失利、经济凋敝所带来的革命风潮几乎席卷了整个沙俄。

先是彼得堡的工人游行示威，遭到军队屠杀，死亡几千人，这一下引发了人们对沙皇政府的超级不满。

见沙皇军队被打得丢盔弃甲，几百年来一直屈服于哥萨克骑兵淫威之下的波兰人也开始了武装反抗。波兰某地的工人组织了准政府，与沙俄军警武力对抗，直到沙皇的步兵团杀开血路冲进城里，起义才算结束。

芬兰也发生了反对沙俄统治的政治事件，要求实现区域自治。

黑海边，一批海军中下级军官带领水兵武装劫狱，释放政治犯，结果引发了大规模的流血冲突。

除此之外，外高加索地区基督徒与穆斯林之间、日俄战争后丢盔弃甲正狼狈撤回欧洲的新败之军与沿途亲沙皇军队之间，全国各地无不兵戎相见、四处开打。

就这样，在一年之中，沙俄连续两次颜面扫地。第一次是因为被东方新崛起的小国打败，国际上丢尽了脸；第二次则是在平息国内各界百姓的愤怒和不满中昏招迭出，露了底。从此之后，人们对罗曼诺夫王朝的畏惧感开始消退了。

正是在1905年内忧外患的一片混乱中，沙俄皇宫里皇储亚利克西斯的血友病偏偏犯了。

说到小皇储，这可是尼古拉二世的心头肉，夫妇俩虽说是近亲结婚，但却琴瑟相和，可恩爱多年就生下这么一个男孩，还偏偏遗传了外祖母维多利亚才有的血友病，一旦发作就血流不止。眼看着小皇储因为摔了个跟头弄成了内出血，诸多御医却束手无策，沙皇夫妇二人心急如焚。

危急关头，皇后亚历山德拉的一个闺蜜凑上前来小声说道："听说城里新来了一个神医，殿下要不要试试？"正是这个贵妇多的这句嘴，从此打开了罗曼诺夫王朝的毁灭之门。

半小时后，一个长胡子游僧坐在了皇储的卧榻边，微笑着对皇储说："不要害怕，一切疼痛都会消失的。"第二天奇迹竟然真的发生了，小皇储头部的血肿彻底消失掉了，皇室一家重新恢复了往日的安详与温馨。

沙皇夫妇满怀欣喜地招待了上帝送给他们的神医拉斯普京。这是历史上拉斯普京的第一次正式亮相。在未来的10年中，他和他的总后台亚历山德拉皇后一道，通过一系列所谓的神迹和巧合，将古老的罗曼诺夫王朝搅得天翻地覆，进而跌入未知的深渊。

作为一个有着浓厚东方式色彩的欧洲国家，俄罗斯宫廷也与他们的东方近邻一样，有着不问苍生问鬼神的特殊习俗，或者说，乱世出妖孽的传统同样适用于这里。一旦国家陷入危难，统治者不是把焦点对准需要改革的社会层面进行大刀阔斧的改革，而是寄希望于有超强能力的神人出头来保佑自己的家族千秋万代一统天下，沙皇夫妇崇信拉斯普京的故事就是典型的例子。

拉斯普京，原名格里高利·埃菲莫维奇，出生于西西伯利亚一个普通的农民家庭，但这个格里高利从小就不是盏省油的灯。他的毛病不是一般的游手好闲，而是永远离不开女人，只要单独和年轻姑娘或上了年纪的大婶相处不到3分钟，他的手便不老实起来。为这事，四乡八里家有女眷的父亲、丈夫、兄弟们没少揍过他，并给他取了个难听的名字"拉斯普京"，意为放荡不堪的人。

走投无路、被打得鼻青脸肿的拉斯普京很快就在教门中找到了归宿，并如鱼得水，因为当地正好有一个宣扬性解放的教派，声称在性行为的过程中，人才是最接近上帝意志的，这倒和他的实践不谋而合。

在教会里，拉斯普京很快成了各种"亲近上帝"大聚会中女信徒的宠物。但他的欲望不仅于此，他宣称要去希腊朝圣，这一去就是两年，两年后，返乡的拉斯普京似乎变了一个人，成了一个开口上帝闭口主的传教士。

说来奇怪的是，拉斯普京这次远行不知有了怎样的奇遇，回乡后他拥有了一项奇特的本领，掌握了一种类似于催眠术的医术，病人只要和他聊上一会儿天，甚至只要让他摸摸自己的头顶，再睡上一觉，身上的病痛就会烟消云散。

拉斯普京成了远近闻名的神医，甚至连住在遥远的彼得堡的贵族老爷们也开始要他上门治病。

对拉斯普京的到来，尼古拉夫妇如获至宝，因为无论小王子犯病犯得多严重，只要拉斯普京赶到，就能人到病除。

有意思的是，从此以后，小皇储的遗传病就像是俄罗斯内政外交的晴雨表，国际上一有风吹草动，他的血友病就会如期而至，于是宫廷一片大乱，皇帝无心政事，牵累得俄国的内政外交也陷入瘫痪，甚至白白错失掉各类送上门来的机会——1905年的日俄战争、1908年奥匈帝国对波黑的吞并、1914年的夏季风波，每个年份都像是俄罗斯帝国的重要节点，皇储病情恰好也如期发作，而每一个节点的背后，都有拉斯普京的身影。

1914年的多事之夏，小皇储又因血友病卧床不起了，关键时刻又是拉斯普京及时赶到，挽回了帝国"小心肝"的生命。

这一切，尼古拉二世夫妇看在眼里，记在心里，作为夫妇二人慷慨的回报，拉斯普京一跃成了沙俄宫廷炙手可热的人物。尽管对这个江湖游僧的过去多少有些耳闻的尼古拉二世不愿自己的家眷太过亲近于他，但造化弄人，自己也身不由己。

一时间，神迹与谩骂齐飞，倾慕共嫉妒一色。

男人们所控制的各种聚会沙龙上，拉斯普京成了恶魔的代言人，尼古拉二世王朝的一切不幸似乎都能从他身上找到根源；而在女人集会的场所，拉斯普京则成了爱神与美神的化身，一切美好的词汇都不吝于其身。

在皇后公开的庇护下，拉斯普京招摇过市，横行无忌，甚至连官吏的任免也要经过他的认可才可以。不仅如此，拉斯普京在宫廷里的地位也有了显著的变化，他开始称呼沙皇尼古拉二世为爸爸，皇后亚历山德拉为妈妈，而尊贵的皇储殿下则成了他口中的"小可爱"。

在这关键的时候，拉斯普京又发出了惊人的预言：一旦参战，帝国大厦将倾。拉斯普京的预言是基于自己早年间在伏尔加河流域日耳曼人聚居区游历时的所见所闻而得出的。俄罗斯人住的地方和牲口棚没什么两样，可日耳曼人的住房整齐划一不说，他们竟然喝得起咖啡，房间里居然还有成套的发亮餐具和白桌布。拉斯普京由以此断言，斯拉夫人打不过日耳曼人。

拉斯普京的理论一说出来，满朝的文武差点没气得背过气去。

这番预言，加之以往的种种神迹，使拉斯普京一跃成为俄罗斯历史上最具争议的代表。苏联解体后，更是有很多人抱定为其翻案的目的，不断拔高、洗白拉斯普京的案底。

拉斯普京的奇谈怪论，不仅没有说服大家，反倒起到了反作用。本来就把他视为眼中钉的满朝文武一听这话，反而更加卖力地向沙皇兜售他们的战争计划，而拉斯普京的反战言论见诸报端后，甚至很大程度上刺激起了俄罗斯人以死捍卫民族尊严的好战情绪。

在长达一天的时间里，俄军的总参谋长萨索诺夫极力劝说沙皇签署总动员令，认为这是唯一能遏制战争的机会。因为一旦法国和俄国出兵，德国将被迫陷入两面作战的被动局面里，而只要德国按兵不动，奥匈帝国针对塞尔维亚的报复就可以避免。但尼古拉二世仍深陷在拉斯普京的"惊世预言"以及和德皇威廉二世的交情中，迟迟不予答复。这场会议一直持续到深夜，面对萨索诺夫的志在必得，尼古拉二世最后愤愤地说道："想一想你要我担的责任！想一想我要送成千上万的人去死！"然后在总动员令上签下了他的名字。

就这样，在奥匈帝国向塞尔维亚宣战后的48小时，俄国也向全国发布了动员令。尼古拉二世有所不知的是，当时由于技术条件使然，无论是德国或是俄国，一旦签署了动员令，成百上千万的大军就变成了杀人机器，必须要有足够的"血和铁"才能喂饱，根本不

存在以总动员来遏制敌人的空间

就这样，1914年7月28日，奥匈帝国向塞尔维亚宣战。7月30日俄国开始战争总动员，出兵援助塞尔维亚。8月1日，德国向俄国宣战。8月3日，德国又向法国宣战。8月4日，德国为了在西线抢得先机，武装入侵保持中立的比利时，比利时对德国宣战。同日，英国考虑到海峡对岸的比利时对自己国土安全的重要性，于是向德国宣战。8月6日，奥匈帝国向俄国宣战，塞尔维亚对德国宣战，意大利宣布中立。8月12日，英国向奥匈帝国宣战。全世界主要的强国全都卷进了一场谁也说不清的战争中，第一次世界大战全面爆发了。

第一次世界大战一开局，西方翘首以盼的"东线压路机"没像预想的那样碾碎奥匈帝国和东普鲁士一路开向柏林，而是以一连串漂亮娴熟的失败，令协约国一片哗然。而在以后的日子里，沙皇夫妇对拉斯普京的偏爱，不仅葬送掉了俄军来之不易的短暂胜利，还把整个国家都拖进了深渊里。

随着俄军前线的不断失利，俄国在协约国心目中的地位和作用也大打折扣，俄国巨人的差评不胫而走，西方的盟友开始怀疑尼古拉二世能不能带领俄国控制住东边的局面，而俄国国内也有越来越多的人对沙皇统治产生了怀疑。

在1905年因日俄战争失败而引发的骚乱中，俄罗斯全国爆发了3000多起群体性事件，数百万人牵连其中。在随后进行的镇压行动中，死难者不计其数，死难人数之多超过了刚刚结束的日俄战争总阵亡人数，仅被判流放的就有5万人之多。尼古拉二世也由此成为俄罗斯历史上手中沾满子民鲜血最多的沙皇。

沙皇两口子20年如一日地保持了妇唱夫随的作风。不带偏见地说，如果妻子真是位"女中豪杰"也就罢了，可沙皇的妻子不仅跋扈专横，而且愚蠢迷信，天天泡在祈祷室中的时间比化妆时间都长，她最拿手的事就是给沙皇写信，要么是告状——哪个大臣又欺负她的圣僧了；要么就是请命——圣僧又想任命哪个酒鬼当要员；要么则是哭诉——陛下对圣僧的事如果不照此办理肯定就是不爱她了。而沙皇一旦不接受她的请求，她就以死相逼，因为她至死都相信的一件事就是，虽然上天没有给她一个完美的继承人，但却给了她一个完美的神——拉斯普京。

就是在这样的情况下，俄国跌跌撞撞地钻到了第一次世界大战的漩涡里。俄国在前线还有一连串的惨痛败绩没有品尝，俄国人民也没有对寒冷、饥饿、灾荒、战乱产生刻骨的仇恨，而拉斯普京的大戏也才刚刚开幕。

开战伊始，拉斯普京趁沙皇焦头烂额、无心他顾之机，与皇后亚历山德拉加紧勾结，开始把持朝政，特别是把持要害部门的官吏任免权，将反对自己的人一一排挤出宫廷。

拉斯普京的最大手笔，是假皇后之手，罢免了俄军总司令尼古拉大公。按辈分，这位尼古拉大公是沙皇的叔父，同时也是罗曼诺夫家族的族长，但由于他从来看不起拉斯普京和德国来的那个皇后，于是也成了拉斯普京与皇后一派的攻击对象。当时，他刚指挥俄军在俄奥前线取得不俗的战绩，让百败之余的俄军士气大振，但尼古拉气吞山河之际，正是奉调回朝之日——拉斯普京认为他功高盖主，有不臣之心，为了沙皇陛下未来考虑，必须要罢免他。

事实证明，这是一个极为悲剧的错误。尼古拉二世从未受到过系统的军事教育。其父亚历山大二世因脑出血去世时正值春秋鼎盛，尼古拉二世作为皇储还没来得及完成正规系统的储君专业，就连滚带爬地登上了沙皇的宝座，其中就包括关键的军事指挥艺术这一环节，这也正好可以印证为什么尼古拉二世上台后俄军就走上了下坡路的原因。

受到皇家如此礼遇，拉斯普京在用打击异己的方式"拯救俄罗斯"之余，越发放浪形骸起来。后来，他还神奇地将自己的两项本事融会贯通起来，把他在各种下等酒馆认识的各色人等委以重任，比如内政部长这一重要人选，就是他在一家小酒馆喝酒打架时认识的一个流浪歌手。

在1915年到1916年的一年间，拉斯普京先后罢免了4任首相、5任内政部长、4个农业部长、3个战争部长，同时将大批鬼才知道从哪儿来的三教九流安置到了政府的各个要害部门。

在拉斯普京的恶意操盘下，俄罗斯前方战局恶化，后方怨声载道，内忧外患下，沙皇夫妇不仅丝毫没有质疑他的作用，反而认为前线失利是自己侍圣不虔招致的上天的惩罚，对拉斯普京的尊崇也达到了无与伦比的地步。

有道是，"不义不匿，厚将崩"。拉斯普京的末日在1916年沉闷的冬天姗姗来迟。沙皇富可敌国的侄女婿尤苏波夫亲王殿下、沙皇的表兄德米特里大公牵头组织了一批敢死之士，利用拉斯普京对尤苏波夫的妻子、沙皇亲侄女艾瑞娜女大公美色的垂涎，将其骗到尤苏波夫的官邸，先是让他吃了足够毒死5个成年人的蛋糕和毒酒，但拉斯普京对此却浑然无觉，酒足饭饱后仍听了半天音乐、跳了好几支舞，又兴致勃勃地劝说荒唐程度不在自己之下的几位皇室贵胄一起去妓院寻寻乐子。

尤苏波夫无可奈何，只好用左轮手枪向拉斯普京的背部和头部开了枪，一颗子弹打中心脏后留在了肝部。一般人受此致命之伤肯定就完了，可拉斯普京中枪倒地后，居然只昏迷了一小会儿就又一边咒骂着一边跳起来扑向尤苏波夫，吓得尤苏波夫逃上楼去房门紧锁，其他人也躲的躲、跑的跑。

逃过一劫，拉斯普京气呼呼地转身离去。眼看刺杀计划落了空，自己身家难保，众人再次举枪齐射，终于将拉斯普京撂倒在地，拳打脚踢之余，又在他头上补了几枪。这回拉斯普京总该死了吧？没有！浑身上下到处是枪眼的拉斯普京又睁开了可怕的眼睛。

尤苏波夫只好找来哑铃（一说为球棒），众人一通乱捶，几乎将拉斯普京砸成肉饼，这才找来绳索和窗帘，裹住尸体扔到了门前的涅瓦河运河里。

皇后听闻噩耗，如丧考妣，下令全彼得堡的驻军和警察都到河上去凿冰寻尸。经过一番折腾，总算找到了拉斯普京的尸体，可最后的尸检证明，直到扔进河里后很久，拉斯普京还在挣扎。他是在河中因为手脚被捆绑住无法挣脱才溺水而亡的，在此之前，其超强的心肺功能又使他在水下存活了8分钟之久。

拉斯普京的传奇故事并没有结束。

据说，拉斯普京在临死前几天曾秘密写了封信给沙皇，信中预言了自己的死亡，同时还称："如果你听到为格里高利的死而撞响的钟声，你必须了解此情况，如果是你的亲戚杀死了我，那么在你的家人和亲戚中没有一个能活过两年，俄国人民将杀死他们。"

巧合的是，不到3个月，天怒人怨的罗曼诺夫王朝就在二月革命的呐喊声中彻底倒台了，拉斯普京的尸骨也被革命士兵拉到彼得堡游街示众。

此后，不到两年光景，沙皇夫妇和他们的4个女儿以及几乎用天下换来的宝贝皇储在远东流放中被苏联红军集体处决并用硫酸和汽油挫骨扬灰，骨灰埋藏在叶卡捷琳娜堡附近的一处废弃洞穴中，直到1990年苏联解体前后才被重新找到。

丧心病狂的皇后、软弱昏庸的沙皇，加上倒行逆施罪恶滔天的拉斯普京，构成了20世纪初俄罗斯最为诡秘、最令人掩卷叹息的历史画卷。

兴登堡

如果说第一次世界大战时叱咤风云的各色人等中有一位是从未来穿越过去的，那么符合这一条件的历史人物，必定是兴登堡。历来都是富贵难求，而此公的富贵却是睡着觉都能自己送上门来。

其一，出身好，根红苗正。

1847年10月2日，保罗·冯·兴登堡出生于东普鲁士波森市（今波兰波兹南市）一个容克贵族家庭，他的家族在这里繁衍生息已有几个世纪之久。兴登堡从小就受到普鲁士黩武精神的熏陶，立志当个军人。兴登堡童年时代体弱多病，经常旷课，学习成绩不佳。到了12岁那年，兴登堡秉承父亲的意愿，上了当地的军事学校。该校生活艰苦、刻板，整日操练，灌输给学生一套忠君报国的思想。这段时期的生活对兴登堡的一生影响很大。当时，为了培养忠于普鲁士王室的感情，军事学校的学生有机会去王宫实习。1863年，兴登堡曾担任伊丽莎白太后的禁卫军，太后赠他怀表一块，兴登堡从此对王室之恩没齿难忘，每次打仗都要把此表带在身上。

其二，机遇好，大事不漏。

1866年，普奥战争爆发。刚刚毕业的兴登堡少尉率领一个排参加了萨多瓦战役。3个月后，他随军凯旋，第一次通过柏林勃兰登堡大门。

1870年8月，普法战争爆发。兴登堡作为第3步兵近卫团1营营长的副官参战。尽管表现平平，但因为该团团长在战斗中负伤，营长代理了团长之职，兴登堡也跟着晋升了一级。1871年1月18日，德意志帝国宣告成立。兴登堡作为部队代表，参加了在凡尔赛宫举行的德皇威廉一世的登基加冕典礼，这是他毕生引以为荣的一件大事。同年6月，兴登堡再次在凯旋仪式上通过了勃兰登堡大门。

其三，人缘好，贵人帮衬。

1872年，兴登堡进入柏林军事学院深造，毕业后分到了传奇英雄、总参谋长老毛奇手下，老毛奇及其继任者施里芬对他都十分赏识，使得他官运亨通，步步高升。1901年，兴登堡当上了师长；1903年当上了军长。

其四，即使犯错，也幸运。

就在平步青云时，兴登堡犯错了。1908年举行的陆军演习中，兴登堡由于一时贪功冒进，他指挥的部队居然击败了由德皇威廉二世指挥的军队。皇帝陛下对这一成绩很不满意，拂袖而去，而兴登堡也知道，自己的职业生涯到头了。1911年，兴登堡65岁时黯然退伍。

退伍后，兴登堡在汉诺威过着悠闲而刻板的单调生活，但恰在此时，第一次世界大战爆发了。

看到比洛、克鲁克等年纪比自己还大的同僚纷纷驰骋疆场，这也使兴登堡萌生了东山再起的念头。兴登堡提笔给自己的老同事、此时正在小毛奇手下任副职的施坦因写了封自荐信："如果情况的发展需要一个指挥官的话，无论哪里，请不要忘掉我。"

鲁登道夫能够挽救东线的危局，但他需要一位坚如磐石的司令官，而再过两个月就满68岁的兴登堡恰好符合这个要求。此时，威廉二世显然也忘了6年前那个曾让自己难堪得下不来台的冒失将军。如此一来，一切阻碍都不复存在了，兴登堡以68岁的高龄，攀上他事业的巅峰。

事实证明，这是小毛奇在担任德军总参谋长任内所干过的最聪明、最正确的一件事，尽管此时离他"下课"已不到1个月的时间了。

临危受命的鲁登道夫，被任命为第八集团军参谋长。15分钟内他就坐车启程，傍晚6时到达科布伦次，3小时内，他听取了东线局势介绍和有关指示，还受到小毛奇和德皇的接见。当晚9点鲁登道夫乘专车前往东线。

鲁登道夫在汉诺威车站与从未谋面的上司兴登堡会面了，由于行色匆匆，早已退休在家的兴登堡来不及换新式的铁灰色军服，穿着普法战争时的旧军装就来赶火车了。一对史无前例的战地组合就此诞生。

其五，生逢时，死逢时。

兴登堡生于1847年，正值普鲁士蒸蒸日上的上升期，倘若早生半个世纪，有拿破仑压着，无论如何恐怕也都是当炮灰的命；倘若晚生半个世纪，遇上欧洲大和平的年代，军队里已有那么多老家伙，哪轮得上兴登堡来指点江山呢？

作为魏玛共和国的最后一任总统，兴登堡死于1934年，长达10年的总统任期，他成功避免了战争结束初期百废待兴、人民流离失所的困顿局面，而死时又正值纳粹德国行将出笼作恶之前。刚刚好手上干净、案底清白，虽然有纵容纳粹之嫌，但在国内外兴登堡一直享有纳粹崛起前德国的最后一道屏障的美誉。

其六，大智若愚，看透，但不说透。

直到逝世前，兴登堡是20世纪上半叶最有条件改变世界的人物。

兴登堡是第一次世界大战中后期德国的救命稻草——几乎哪里有了他和鲁登道夫的存在哪里就会化险为夷。

兴登堡是第一次世界大战后德意志民族眼中唯一没有瑕疵的英雄——他战胜了一个个强敌，他和他的民族一道，在政客的出卖下放弃了一切荣誉。

兴登堡是二战前德高望重的德国总统，包括希特勒在内，所有德国人都把他视为民族精神的象征。

兴登堡和鲁登道夫是一个不得不让人称奇的组合，鲁登道夫正是在他的支持下，取得了一个又一个胜利，使德国走上第一次世界大战的巅峰。而到后来，兴登堡则成了德意志民族迈向灾难前的最后一道保障。用时人的话来说，他的冷静、巨大的威望及在容克军事贵族阶层的影响力，是令纳粹党徒不敢为所欲为的唯一一道屏。而遗憾的是，兴登堡对纳粹崛起听之任之的态度，像极了他在东线时的垂帘昏睡，而他的纵容，并没有像第一次世界大战时那样，给德国创造了奇迹与辉煌，而是使得整个德国和半个地球几乎陷入了万劫不复的地狱火海。

而不可否认的是，兴登堡绝对是个有福之人，他在诡谲的20世纪的前30多年里，一直过着悠闲的日子，直到1934年寿终正寝，正应了那句话："自我身后，哪管洪水滔天。"相对于晚年因掺合进希特勒的政变阴谋而声名狼藉的搭档鲁登道夫，兴登堡则成了纳粹时代风云人物里唯一能让后人公开凭吊的人物，更成了世界近代史上的一个传奇。

贝当

亨利·菲利浦·贝当（1856—1951年），生于加来稼穑之家，幼年丧母，家贫甚，及长，投圣西尔军校习步兵科，毕业后戎行各地。为人性朴口讷，外直内刚，不附权贵，治军颇有孙武之风，曾监禁投军镀金之议员，尝哂笑霞飞尚攻之谬误，故不惑之年官仅营长，齿近花甲，犹上校尔。

未几，第一次世界大战军兴，昔日阿权附势之官佐兵多不堪，战辄不利。唯贝当所部平素勒以细柳之规，御下多有吮咀之恩，故行止有序，颇有斩获，遂临危受命，麾师与德国虎狼之军三战马恩河畔，法军旌鼓未挠，德军雷池难越。

贝当体恤士卒，每战必先临敌筹划，待炮火准备充足然后方促兵前驱，凡战多斩获，故得下死力，众军争先，德军颇为之忌。数月间连晋四级，由团至师、至军乃至集团军帅，然风骨未减。

1916年，凡尔登势危，德军势如破竹，法军难掩其锋，更兼法将曼京、尼韦勒之流阿臾媚上，好浪战，轻死伤，法军多横死，余众意快快。贝当继任，抚士卒、修公路、充府库、缮甲兵、重防御，更出轮战之策以休士卒，未一月，士气复振。德军百出，死者累万，然终不得尺寸之进，熏天寇焰至此方穷，贝当之名如日中天。

时国运维艰，军务待振，贝当治军兴利除弊，常违上意，主帅霞飞屡恶之，以他故除其凡尔登司令之职，明升暗降，以爱将尼韦勒、曼京继之。两将尽弃贝当前筹，法军复窘。

1917年，尼韦勒于西线发兵百万孤注一掷，再行浪战之举，为德国名将兴登堡、鲁登道夫所趁，一日一夜，法军伤亡12万，士卒多逃散，余者群情汹汹，兵多拒战，将佐无为，前线为之一空，战局为之堪危，尼氏屠夫之名，由是举国所指。贝当再度受命扶危，以"多钢铁，少流血"之名安定军心，重振军旅，然后兵锋所向，力挽狂澜。

战后，贝当战神之名既彰，武学之巅才堪，创法兰西空中劲旅，建马其诺铁壁坚墙，一时间，寰宇军事家无出其右者。然战神之名既盛，盛名之累既附。

1940年，二战烽烟再举，德兵复临，重行拂袖之计，法国困，英军逃，法将甘末林、魏刚难挽颓势，英酋张伯伦、丘吉尔才堪自保。未旬月，烽逼陵寝，三军皆解甲，空国无男儿。贝当以老迈残身代行总统之职，与德签订城下之盟，法国一裂为三，德占其二，贝当领其一，史称维希法国。从此俯首德酋，年纳岁币，唯图兴亡继续，全裔脉一二尔。

当是时，强德凌虐，英美窥伺，意日扰攘，爱将出奔，贝当勉力维持，左支右绌，形如傀儡，迹近冯道，唯幸三色旗犹有可飘之地也。

1944年，昔日爱将戴高乐自领自由法国总统之职，领军数万，仰赖美英之悍威，强登诺曼底之险滩，旋即光复巴黎，重扶九鼎，功盖高卢，威逼莱茵，乃系贝当于狱，以叛国之名付有司论罪。

庭上，贝当口无一言，唯垂首听讼。旁听者既恨其与德国合作之耻，又叹其兴亡存续之恩，更念其曾有活众之德，兼怜其九旬缧绁之苦，律师更以民意上求，请之活。庭长惊而叹曰："汝辈爱贝当若此，满座皆德人乎？"俄顷，断下，判令贝当死刑，复由总统戴高乐予以赦免，以报其当年义送戴高乐出奔之举。

法军瓦解之际，贝当门下将军戴高乐借礼送英军代表出境之机，蹭机而去，于伦敦效楚臣秦廷之哭，树自由法国之旗，招贤纳士，图谋恢复，与维希不两立。维希文武皆欲置其死，唯贝当阴护之，尝有行刺戴氏之计划，贝当批曰"不当行"，事遂寝。戴高乐以故德之。

1951年，贝当殁于大西洋耶岛监狱，享年九十六。

叹曰，贝当者，崛起于行伍，扶危于乱世，恤士卒，理下情，瞻先机，败骄寇，功盖一世之雄也。然既享高寿，盛名兼具，更宜慎懿行，尤当重晚节，惜花甲之年犹效儿皇丑态，举国之尊尽衬强敌得色，贝当之苦之怜之痛之哀，谁足道哉？

天下事，最难者莫过于"不得已"三字也，值戎马压境之际，为忍气吞声之言，旁观者尤为心酸，况贝当身历其境者。其不知千夫所指乎？其不知晚节尤慎乎？其不知虎狼丛中立身之难乎？其不知委命强敌、鱼肉故国，虽三岁小儿亦不耻为乎？当是时也，四境皆敌，百姓惶苦，文武逃散，大军解甲，若无此老夫勉力维持，强颜陪笑，抚生吊死，存续遗民，恐法国遭罹二战创更甚矣，而贝当所为所苦，盖因"不得已"三字尔。维希虽贱，生民犹存所栖，强寇尚有所忌，至于事敌资仇之罪、委民狼口之恶，德酋当道，虎狼其心，百万大军尚不可敌，况一老夫、几胥吏可以力挽乎？

法人无良，不念其兴亡存续之功，独较其情非得已之行，不恤其勉力周旋之苦，只喋喋其与虎狼同行之为。法人无德，不恤贝当之苦，青史有幸，独存此不平之篇。

一战中的贝当

第一次世界大战进行到1916年，德军步步紧逼，法军一败涂地。

危急关头，马恩河奇迹中涌现出的英雄贝当将军临危受命，负责重组凡尔登防线。

战争爆发时，贝当已是58岁，职务仍是上校，这对于一个法国圣西尔军校的毕业生来说，实在太过尴尬。不过，考虑到贝当向来与周遭一切格格不入的脾气和秉性，他没被开除军职就已实属不易了。

贝当和主导法国一切的政客们的关系从来没融洽过，甚至还发生过他下令部队武装拘押议员的事件。对于总统大人贝当也不买账，对于霞飞等领导干部战前拼命鼓吹的攻势作战，贝当更是嗤之以鼻，公开唱反调。正因为这些，贝当44岁才当上营长，58岁了还是个上校，要不是第一次世界大战爆发，贝当恐怕正拿着数量不多的退休金在哪个小城里喝着咖啡晒着太阳安度晚年呢。

及至战争爆发，德国人又打到了家门口，法国才发现空谈误国的理论家们的蠢笨程度与他们招人恨的程度是成正比的，反倒是平时看起来刺头一枚的贝当们打得有模有样。于是，用了近40年时间才当上上校的贝当，仅用了5个月就完成了从上校到中将的四连跳。

到达前线后，贝当立刻给前线调来了大量火炮和援军，同时还创造性地允许士兵在交战不利的情况下撤退到他亲自划定的"安全线"内。此举不仅大大缓解了法军前线士兵的恐慌情绪，而且也起到了鼓舞和振奋士气的作用。贝当认为，把拳头缩回来是为了打得更狠，为了更有力地打击敌人，必要时的后退是为了更好的进攻——面对强大的敌人，法军士兵不应该做无谓的冲锋，而是要避敌锋芒、蓄势待发。

不只是这些，在凡尔登，贝当就像是一座积攒了足足60年雨水的水库，刚刚打开了阀门一样，灵感喷泻而出，层出不穷。

贝当下令，大幅度改善前线士兵的伙食，从而让世界上第一辆野战炊事车在凡尔登诞生，从此法军士兵躲在战壕里也能吃上香气扑鼻的饭菜。

为了改善前线的补给，他搜罗了全国的卡车，昼夜不停地向凡尔登输送部队和给养，3500辆卡车构成了最早的机械化补给线，沿着贝当专门修筑的公路，每周有多达9万名士兵和50万吨物资运至前线。

为了提高前线士兵的士气，在贝当的倡议下，法军在凡尔登开始了轮战制，士兵只要在前线驻守够一周，就可以分批次撤退到后方进行休整。这样一来，法军前线的士兵始终都能保持旺盛的斗志和充沛的体力。

就在贝当励精图治、法国蓄势待发的同时，前线的形势也发生了微妙的变化。在一次无目标的随意射击中，法军的一发炮弹鬼使神差般命中了德军秘密隐藏在前线附近的弹药堆积点，继开战大轰炸后德国人用了3个星期才好不容易攒起来的45万发炮弹瞬间被引爆，爆炸声此起彼伏响了整整半天，连对面的法军都吓了一跳。这个突发事件和攻占都蒙要塞一样，都属于无心插柳的个案，由此可见，所谓造化弄人，幸运女神其实对任何一方都是很公平的。

经过贝当的苦心经营，凡尔登前线很快就面目一新。到5月1日贝当离开时，法国已在凡尔登防线被德军撕破的缺口处集中了47万人的兵力、无数的火炮和足够上述大军使用数月的给养物资。在强大的后勤保障下，法军重新焕发了斗志，德军几次攻击都被法军击退，进展缓慢。

而在堑壕里，德军士兵很快就从胜利的喜悦中回到了惨淡的现实里。由于法军炮火逐渐猛烈起来，德军前线又离后方很远，加之初春时节道路泥泞不堪，德军的补给渐渐成了大问题，就算是补给无虞的部队，也只能勉强吃到混杂着各种可疑物质的粗面包、土豆、辣根和马肉而已，而气人的是，对面的法军战壕里，每到饭点就香气四溢。

这也就罢了，急于在父皇面前显示身手的威廉皇储面对僵局焦躁不安，在他的严令下，德军士兵不得不一次次向法军的钢铁防线发起毫无希望的冲锋，直到整营整团的士兵被炮火和机枪消灭殆尽，短短13天的战事，德军损失了10万人以上。

在几种因素的交互作用下，德军的士气滑落到了谷底，而德国企图通过突破凡尔登防线占领凡尔登从而打败法国的战略计划也就此落空。

3月初开始，法军将收复马斯河东岸的都蒙要塞作为首要任务。德军则把进攻的重点转移到了马斯河西岸，企图夺取这一带的304高地及要塞，打通前往凡尔登的道路，消除法军炮兵的威胁，可万万没想到的是，这里正是法军兵力最为强大、火力最为猛烈的地段，304高地一带，一连串堡垒、要塞犹如铜墙铁壁般拱卫着马斯河防线。

整整两个月时间，双方的战事进入了白热化阶段，马斯河两岸的每一个高地都要经受攻防双方数百门大炮的反复轰炸，接着是双方士兵的白刃相搏，然后则是失利一方的强势反攻……周而复始，日夜不歇。

当时的战地记者描述道："没有一码地皮不受到炮火的震动，固体的土地，在我们看来就像是泡沫沸腾，树被撕裂了，跃入空中。"一位法军牧师记录道："我们好像生活在蒸汽锤下一样，落下的锤子打击着你空荡的胃，那真是沉重的打击——每次爆炸都能把我们震翻在地，几个小时后，我们每个人都变得呆若木鸡一般。更可怜的是静静躺在一边、无人照料的伤员们，躺在地上，饥渴难忍，发疯般地想喝自己的尿。"

经过两个多月的激战，德军总共才前进了不超过6000米，其中5000米都是在战役爆发前三天夺取的，后两个月的进展不过1000米而已，而德军为此付出的代价是8万人的死伤。

与更加严重的伤亡相比，法军内部正面临着两种路线的斗争。贝当坚定地固守着不能浪费士兵生命的战地准则，这大大触怒了霞飞一派的将领、素以"法军屠夫"著称的曼京和尼韦勒等。曼京、尼韦勒三番五次找到贝当，要求自己的部队单独向德军发起反击，遏制敌人的气焰，但都被贝当拒绝了。

正是在这个问题上，霞飞与贝当发生了分歧。霞飞固执地认为应该以进攻对付进攻，这样才能赢得胜利、提振士气。而贝当则认为，在没有做好准备的前提下，鲁莽地将士兵推上死亡线，是非常没有必要的，对士气的打击更是毁灭性的。

事实也证明了贝当的正确性。4月份以来，由于法军贯彻落实贝当的防守主义，坚守战壕，同时利用远程炮火进行支援，使得德军的攻势屡屡受挫。此时，一场春雨如期而至，将战场变成了泥泞黏稠的沼泽，攻击受阻的德军只能望洋兴叹。

霞飞尽管深恨贝当的阳奉阴违，但贝当此时已是全法国的民族英雄、拯救凡尔登的战地明星了，既然自己无法解除他的职务，那就提升他吧！于是，一纸调令，将贝当升成了没有实权的方面军司令，而负责凡尔登战役的第二集团军司令这一实职则给了霞飞最青睐的将领尼韦勒。

贝当走了，正如他轻轻地来，但在他的身后，却给法国军队留下了弥足珍贵的财富：完备的工事、充足的给养、敢与德军争短长的战场新态势、士气高昂的士兵，以及绝不可浪费士兵生命的治军法则。

尼韦勒一上任，几乎立刻就让士兵们怀念起贝当来了，因为他几乎废除了贝当此前为了提升士气采取的一切有效方法，其中最重要的就是士兵轮换制。这个制度因为能保证每个士兵在前线连续戍守的时间不超过一周，每个士兵都能得到充足的休整，而被尼韦勒斥为无聊无谓的麻烦。接着，尼韦勒就像童话传说中吹着魔笛引领老鼠们自投死路的小男孩那样，用他的大手一挥，让成千上万的法军向任何一个他认为可能会有所收获的地段发起自杀式的冲锋。

当然，从此之后，全法国的士兵都和尼韦勒结下了很深的梁子，双方互相恨得牙根发痒。法国后来还专门发明了一个名词"尼韦勒式屠杀"，用以涵盖尼韦勒担任法国第二集团军司令期间发生的一系列徒劳无功却死伤惨重的鲁莽攻势。

尼韦勒后来继承了霞飞的衣钵，成为法军的总司令，但遭到前线百万法军的联合抵制——1917年，法国士兵们用拒绝打仗的方式来应对尼韦勒发布的任何进攻命令，后来演变成法国全军范围内的大规模哗变。这一事件险些被德国钻了空子，要不是美国参战及时，协约国恐怕就会崩溃，法国则更是颜面全无。最终，遭到全军倒戈的尼韦勒被迫灰溜溜地下了台，转由他的老对头贝当出马来收拾残局。

撰稿人

填下乌贼，本名汤大友，民主党派人士，浙江台州人，现任某科技期刊记者，曾出版《乱弹水浒》。

十二叔，财经专家，文史作家，出版的作品有《圈子·段子之港澳富豪那些事儿》《圈子·段子之好汉们崛起的秘密》《圈子·段子之民国陈光甫：一个领先时代的银行家》《圈子·段子之晚清席正甫：缔造金融家族的教父》等多部作品，自上市以来，深受广大读者欢迎，反响强烈。

汗青，历史研究者、古兵器收藏者。《明朝那些事儿》《盗墓笔记》等畅销书策划人，著有《帝国最后的荣耀：大明1592·抗日援朝》《天崩地解：1644大变局》等，深受读者好评。

马伯庸，知名作家，作品范围涵盖科幻、历史、灵异、推理、动漫等多个领域，著有多种小说、散文、杂文等。已出版小说《她死在QQ上》《风起陇西》《殷商舰队玛雅征服史》。曾荣获2005年度科幻世界银河奖、2010年人民文学奖优秀散文奖。

石炜，知名媒体人，军事史作家，现供职于中央媒体单位，曾担任《罪恶海盗城》《死亡赎金》等央视热播纪录片撰稿工作，著有历史畅销书《海权文明揭秘》《大西洋大海战》。

图书在版编目(CIP)数据

传奇与趣味/ 汪青主编. —成都:西南财经大学出版社,2015.8
(常读.人物志)
ISBN 978 – 7 – 5504 – 1984 – 1

I. ①传… II. ①汗… III. ①历史人物—生平事迹—世界
IV. ①K811

中国版本图书馆 CIP 数据核字(2015)第 138855 号

传奇与趣味
CHUANQI YU QUWEI
汪青　主编

责任编辑:张明星
助理编辑:文康林
特约编辑:孙明新
责任校对:魏玉兰
封面设计:墨创文化
责任印制:封俊川

出版发行	西南财经大学出版社(四川省成都市光华村街55号)
网　　址	http://www.bookcj.com
电子邮件	bookcj@foxmail.com
邮政编码	610074
电　　话	028 – 87353785　87352368
照　　排	四川胜翔数码印务设计有限公司
印　　刷	郫县犀浦印刷厂
成品尺寸	140mm×200mm
印　　张	7.5
字　　数	160 千字
版　　次	2015 年 8 月第 1 版
印　　次	2015 年 8 月第 1 次印刷
书　　号	ISBN 978 – 7 – 5504 – 1984 – 1
定　　价	30.00 元